微言明义

WEIYAN MINGYI

ZHONGGUO GAIGE JINGCUI

微言明义

中国改革精萃

李海青 著

知识产权出版社
全国百佳图书出版单位

图书在版编目（CIP）数据

微言明义：中国改革精萃 / 李海青著. —北京：知识产权出版社，2019.6
ISBN 978-7-5130-6298-5

Ⅰ. ①微… Ⅱ. ①李… Ⅲ. ①改革开放—研究—中国 Ⅳ. ① D61

中国版本图书馆 CIP 数据核字（2019）第 112494 号

责任编辑：崔开丽　　**责任校对**：谷　洋
封面设计：SUN 工作室　韩建文　　**责任印制**：刘译文

微言明义——中国改革精萃

李海青　著

出版发行：知识产权出版社有限责任公司　**网　　址**：http：//www.ipph.cn
社　　址：北京市海淀区气象路 50 号院　**邮　　编**：100081
责编电话：010-82000860 转 8377　**责编邮箱**：cui_kaili@sina.com
发行电话：010-82000860 转 8101/8102　**发行传真**：010-82000893/82005070/82000270
印　　刷：三河市国英印务有限公司　**经　　销**：各大网上书店、新华书店及相关专业书店
开　　本：880mm × 1230mm　1/32　**印　　张**：7.625
版　　次：2019 年 6 月第 1 版　**印　　次**：2019 年 6 月第 1 次印刷
字　　数：160 千字　**定　　价**：42.00 元

ISBN 978-7-5130-6298-5

目录

壹　经济微评

贰 政治微评

叁 文化微评

肆 社会微评

伍 人生微评

壹

经济微评

经济微评

2018年9月22日

20世纪80年代的改革黄金期[①]

夜半醒思改革事，终是书生难释怀！

20世纪80年代的改革当然有其问题，但那个年代毫无疑问是改革的一个黄金时期。而其之所以成为改革的黄金时期，不仅仅是因为现实的巨大成就，更是因为那种上下一心、官民一致的改革热望与内在激情，因为人们对改革抱有的强烈信心与巨大期待，因为人们对改革坚定而大致清晰的未来方向感，因为改革展示的那种思想解放、披荆斩棘的探索精神与磅礴气势，因为人们在改革中感受到的自由、机会与美好憧憬。那是一个充满希望，也孕育希望的时代，是一个意识形态回归现实生活世界的时代，是一个通过改革搞活经济，通过开放打开新世界的时代。

那样一个最初的时代始终对于整个改革具有重大的原点意义。

2018年9月16日

切忌对西方认知模式化

近现代以来，中国实际上始终处于西方的参照系内，我们也刻意地以西方为参照，这甚至成为一种无意识。但我们对西

① 此微信是阅读文章《1978，已是四十年前》有感而写。

方的认知往往模式化、脸谱化。

改革开放前，在我们的宣传中，西方是逐步走向衰败的腐朽对象；改革开放初期，在很多人心中，西方是“月亮也比中国圆”的理想净土；随着改革开放收获了巨大成就，为了证明自身的优越，在部分人看来，西方似乎又成了模式僵化、问题丛生、优越性已经明显丧失的被嘲笑与被批判对象！

这种两极化的印象转化当然有其一定的原因与条件，但客观讲，这种极化思维比较简单与粗陋，不利于我们形成正确的战略判断，当反思之！

2018 年 9 月 12 日

改革的三方面基本问题

改革开放 40 周年，对于艰难前行的中国改革而言，我们今天要搞清楚三方面的基本问题：第一，是否仍有重大的思想症结需要进一步解放？包括经济领域、政治领域，等等。是不是我们的思想解放程度已经达标了？是不是传统的教条都已经被打破了？第二，基本的治理架构是不是需要进一步现代化？国家、市场、社会关系到底如何合理化？中央、地方、基层责权利如何合理划分？基本治理架构不合理，会使改革遇到巨大的体制性障碍，事倍功半！今天我们的改革不仅要确定未来的发展目标，更要对现在大的治理架构进行调适改革。第三，我们改革的基本方法论是不是需要进一步自觉化？所谓基本方法论不是一般的所谓的辩证思维、历史思维、底线思维等，这是比较表面化的！依我看，基本的方法论有两点最为重要：一是改革的措施和目标一切从实际出发否？二是人民群众对改革的参与充分否？因为改革归根到底是亿万人民群众的事业，必须充分调动人民的主体性。这就是我多次强调的，要避免改革沦为体制系统的孤军奋战！

这三个大的基本方面，思想症结、体制障碍、方法优化，都是需要改革尽可能做到前提性思考的！当然，是尽可能，因为很多问题需要在探索中予以进一步明确。

2018年8月30日

中国道路不同于中国模式①

李泽厚老先生错了！中国模式不是尚未形成，而是正处于新旧模式转换升级的紧要关头。旧的中国模式尽管成就巨大，适应过去的粗放发展阶段，但在当今的局限性也非常明显，治理限度日益凸显，必须向更优的模式升级才行！但不论是经济还是政治，这种转换升级遇到了极其强大的思想阻力、利益阻力与体制障碍，而有些人则根本缺乏对问题的深刻认知，且欠缺危机意识！

还要明确一点，中国模式与中国道路不是一回事。习近平总书记曾对中国道路的内涵清晰阐释：中国道路既坚持以经济建设为中心，又全面推进经济建设、政治建设、文化建设、社会建设、生态文明建设与其他各方面建设；既坚持四项基本原

① 此微信是阅读文章《李泽厚：中国模式尚未形成》有感而写。

则，又坚持改革开放；既不断解放和发展社会生产力，又逐步实现全体人民共同富裕，促进人的全面发展。从以上内涵可以看出，中国道路的大方向、大原则完全没有任何问题，非常明确清晰，那么，中国道路落实到具体的实践中，就会形成中国模式。不同的时代，不同的发展阶段，作为中国道路具体体现的中国模式必然不会完全一致。道路方向原则是明确的，作为它们具体体现的中国模式，则不是固定的！

静听天际沉雷声，坐看远方风云激。

2018 年 8 月 22 日

邓小平同志社会主义本质观的重大贡献[①]

邓小平同志的巨大贡献之一，就是突破了“抽象制度论”的社会主义本质观，确立了一种面向实践的“现实功能论”的社会主义本质观！就此而言，凡是符合“三个有利于”标准的，凡是能够推动生产力发展与人的发展的，凡是能够推进社会和谐的，概言之，凡是能够实现社会主义应有功能的，什么样的制度我们都可以采用！其黑猫白猫的“猫论”不过是这种功能论本质观的形象说法而已。

不唯书，不扯淡，不迷信理论，不绘制过多蓝图愿景，不进行过多过细的顶层设计，真正确立实践思维，追求现实效果，尊重民众自主权利，赋予基层探索空间，激发民众创新活力，满足民众利益需求，顺势而不逆势，大智慧也！

① 此微信是阅读文章《邓小平像一面镜子》有感而写。

2018年8月11日

透支式经济发展方式不可持续

严重而普遍的地方债务在一定程度上说明，我们的发展方式是透支式！过去我们强调发展不可持续，主要是指生态环境，但现在看来，不仅生态，我们的经济发展模式本身可能也有这个问题：把未来的钱都透支到当下，融资或向银行借钱，以致债台高筑。多年来，各种开发区、高新区多如牛毛，投了大量资金，各种项目纷纷上马，烂尾工程屡见不鲜。长期寅吃卯粮，表面上数据光鲜亮丽，实则难受极了！如果没有土地财政收入，估计很多地方政府根本撑不下去！

发展慢一点，步子踏实一点，地方的投资驱动弱一点，不是坏事。太快了一时还行，长期不行！

2018年8月8日

当前改革需深化研究的三大问题①

客观世界的复杂性与实践活动的过程性决定了人们对客观规律的把握只能是一个逐步深入的过程，中国改革亦是如此。尽管我们的改革已经走过40年的历程，我们对很多问题特别

① 不想参与到分化的争议中，自己也苦于能力有限无法提出深入的解决对策。实事求是地呈现问题吧！谨以对三大基本问题的思考纪念与我同龄的中国改革！谦虚的学习是学者的基本态度，对改革与进步还是要抱有信心！此文由本人授权“天熹策论”微信公众号首发。

是某些重大问题已经形成自己的认识，提出了自己的观点，我们的理论也在不断发展与创新，但基于认识的过程性，基于中国“时空压缩”的复杂发展背景，我们的理论在对重大问题的认识上肯定还存在较大程度的思考空间。基于以上认识，本文着重从提出问题的角度对中国特色社会主义理论在未来的发展与完善中还需进一步思考与解答的三个重大问题进行分析与梳理。中国特色社会主义理论在未来的发展与完善中，还应对党的领导和人民当家作主的关系问题作出更为系统完善的分析与阐释；对社会主义与市场经济的关系问题作出更为透彻清晰的分析与说明；对以经济建设为中心和以人民为中心的关系问题作出更为科学合理的论述。这三对重大的关系问题在当前改革推进中极为重要，仍然存在一些理论上的疑难需进一步廓清。

一

中国特色社会主义理论在未来的发展与完善中，应对党的领导和人民当家作主的关系作出更为系统完善的分析与阐释。坚持党的领导作为四项基本原则之一，是中国特色社会主义事业成功的政治保证。中国作为后发展国家，其现代化只能由公共权力主导与推动，具体而言，就是由执政党来领导与推动。在当代中国，只有中国共产党而非其他政治力量能够领导中国沿着社会主义现代化道路不断前进。在这个意义上，搞好中国的一切，关键在党。而人民当家作主则是社会主义的基本信念与价值原则。社会主义之所以区别于以往的一切剥削社会特别是马克思、恩格斯激烈批判的资本主义，就是因为社会主义真正将人民作为主体，能够真正将民主落到实处。既然党的领导与人民当家作主都为中国特色社会主义所必需，那这两者就有一个如何统一的问题，比如领导的含义与具体机制是什么？人民当家作主的涵义与具体机制是什么？两者的关系如何定位与处理？两者统一的具体机制是什么？统一应达到的最佳状态与效果如何？两者是否具有内在不一致的趋向？这种不一致的可能性是否可以完全排除？如不能完全排除怎样协调？概言之，问题的核心是怎么样在党的领导下切实让人民当家作主。

对于这一问题，我们的已有理念是：党的领导主要是政治、思想和组织领导。党通过制定大政方针，提出立法建议，推荐重要干部，进行思想宣传，发挥党组织和党员的作用，实施党对国家和社会的领导。发展社会主义民主政治，最根本的是要把坚持党的领导、人民当家作主和依法治国有机统一，而宪法和法律是党的主张和人民意志相统一的体现。辩证地分析，一方面，以上认识是完全正确的，是中国特色社会主义理论探索所取得的重要成果；另一方面，亦应看到，以上认识又是较为笼统的。在党的领导的各个环节如何切实体现与保障人民当家作主，在改革不断推进的背景下如何更有效地加强和改进党的领导使之更为适应民众的民主诉求等都需要更为细致的分析。以上针对这个问题的所有提问都需要仔细的研究而不是笼统的回答。如果没有这种更为细致、认真而具体的研究，抽象、笼统而一般性的回答往往难以切实有效地指导实践。当前中国社会实践中存在的诸多问题都表明仅限于这种笼统的认识已然不足，理论研究迫切需进一步深化与突破。随着改革的推进特别是进入攻坚阶段，中国社会发展中的问题愈益显现，而有些问题涉及如何处理党的领导和人民当家作主的关系。

第一，党的领导、人民当家作主和依法治国的有机统一作为社会主义民主政治的重要原则理念已经写入党的文件与宪法，但现实中如何贯彻这一理念依然存在很大的问题。法律虚化、权大于法、民众权益不能得到有效维护的现象并不鲜见。在这种情况下，改革研究就必须回答如何将这三统一原则有效贯彻落实的问题、现实与原则脱节的原因与治理问题。第二，人民民主是社会主义的生命，但现实中民主机制的不健全、不完善导致民众往往无法有效参与。这既影响了民众的利益表达与维护，也是导致党政干部贪腐的重要原因。在这种情况下，人民当家作主的地位如何具体体现？第三，随着现代化的推进，民众的自主意识、权利意识、参与意识不断增强，党自身的治理理念与治理模式也面临着一个改革与现代化的问题。实际上，党自身的改革是政治体制改革的一个核心性问题，从传统的治理理念与治理模式，向现代的治理理念与治理模式转型并非易事。因为这不仅是一个理论认识与思想解放的问题，更主要的是一个利益取舍的问题。要确立现代治理理念，形成现代治理模式，对于执政党而言，难度不小而又势在必行，所以，这个过程需要极大的勇气与魄力，确实是一场自我革命，绝不会顺利推进。伴随着这一改革进程，在理论上应对党的领导和人民当家作主的关系问题进行更为深入的思考，尽量在现代政治文明的视野内对问题作出清楚合理的说明。

以上三方面的现实问题都说明党的领导与人民当家作主的关系在理论上需要得到更为合理、系统的研究与阐释。实际上，理论研究的真正困难并不是抽象地指出两者的统一，简单论述两者统一的形式，只有当我们面对现实中各种绕不开的难题时，理论研究上的困难才真正开始。

二

中国特色社会主义理论在未来的发展与完善中应对社会主义与市场经济的关系作出更为科学合理的说明。自 1992 年起，建立社会主义市场经济体制就成为我们经济体制改革的目标，随着我国市场经济的不断发展，我们对之认识也在一直不断深化。但是，社会主义与市场经济的结合在理论上是否对所有问题都已经搞清楚？在实践中这种结合是不是已经完全成功？对于上述问题恐怕还不能简单地作出肯定的回答。中国特色社会主义与市场经济的结合不过 20 多年时间，而且这种结合还需要不断突破思想禁锢。尽管从一般意义而言，今天中国社会主义市场经济体制已然建立并不断完善，但其所包含的以下三个方面的问题还需要得到更为系统的理论分析与更为严谨的科学阐释。

一是资本与劳动的关系问题。市场经济的本质特征是资本主导，其遵循的是资本的逻辑，而资本的目的是最大程度地谋求利润，甚至是通过不择手段的途径与方式。而我国是社会主义国家，社会主义尊重劳动，维护劳动者的权益。就此而言，我们实行社会主义市场经济，就必须从理论上阐释清楚资本与劳动这一对矛盾的关系：社会主义与市场经济相结合，资本与劳动相协调，通过什么机制结合，怎样协调？当资本与劳动发生矛盾时如何解决？解决的原则是什么？如何既利用资本，又规范资本？如何有效维护劳动者权益，体现社会主义的基本价值原则？这些问题应认真思考，切实分析清楚。随着中国城市化与工业化不断推进，资本与劳动将会越来越成为中国社会的一对基本矛盾。如果理论上阐释不清，制度与政策上就会出现问题，资本与劳动的关系在现实中就不可能调节好。

二是效率与公平的关系问题。市场经济是迄今为止人类历史上最有效率的经济模式，其充分地激发起了社会成员的利益意识，并借助于自身的激励机制和淘汰机制推动生产的迅速发展与财富的快速积累。然而，任何事物都是对立统一的矛盾体，市场经济在推进生产迅速发展的同时，其本身也会导致贫富分化的“马太效应”。在我国改革开放以来的经济社会发展中，市场经济的这种“马太效应”也得到了较为明显的体现。在社会主义市场经济条件下，如何在保障市场经济效率的同时切实推进社会公平，逐步消除两极分化趋势，最终实现共同富裕，关系到社会主义本质的体现。现在看来，经济发展速度与数量的效率易求，而贫富差距调节的社会公平难为。这应该引起我们的充分注意与考虑。

三是市场经济与公有制的关系问题。市场经济作为一种经济模式最先普遍发展于资本主义社会，而资本主义生产关系的基础是私有制，换言之，市场经济最先建立在私有制这一所有制模式之上。而我国社会主义市场经济所实行的是以公有制为主体、多种所有制经济共同发展的基本经济制度。当然，市场经济并非与公有制完全不能相容，资本主义社会现在也有公有制经济，尽管其不占主导地位，而我国自社会主义市场经济体制建立以来，经济社会的飞速发展自然也离不开公有制经济的决定性贡献，但是，市场经济与公有制的结合也并非没有任何问题。在私有制的条件下，企业能够作为自主经营、自负盈亏的真正市场主体参与经济活动，市场经济可以更好地发挥自身的激励机制与淘汰机制。而在公有制条件下，国家支持的垄断企业往往并不是以真正市场主体的身份参与经济活动，强大的权力背景、行政性的垄断身份与“大到不能倒”的特殊地位决定了其在很多情况下很难真正按市场规律来自主经营、自负盈亏。当前，国有企业在重要经济领域的行政性垄断迟迟难以打破，这对于中国正常市场秩序的形成产生了极为不利的影响。具体而言，行政性垄断违背自愿、平等的市场交易原则，破坏了公平的市场环境；由于垄断企业占有垄断地位，依据特殊政策，其一般缺乏有效的成本约束机制，它们在推进自身改革、加强内部管理、提高效率的压力和动力远远低于竞争性行业，而这势必影响整个社会效率的提高；行政性垄断往往造成寻租与腐败；行政性垄断容易形成特殊利益集团。尤应强调的是，当前国家大力支持的垄断企业很大一部分铆定在资源产业、重化工业与信息产业。这些产业如果一直由垄断企业铆定，其在未来全球性的产业结构调整中一旦丧失优势，或需重组，那时的改革成本将更为高昂，引发的社会利益矛盾亦有可能十分剧烈。因为，这些产业倾注了国家大量资源，牵扯众多重大利益关系，规模巨大，乃至“大到不能倒”的垄断企业很难像私营企业那样灵活地根据市场需求进行结构调整与产业升级。它的改革受到政治、经济、社会、意识形态等多方面因素的制约，而政府投入越大，各方面制约越大，调整越慢，代价就越高。历次的国企改革都证明了这一点。我国有学者认为，正如由轻纺工业化带来的第一轮波峰已经过去一样，这一轮由重化工业化和信息化带来的波峰也必将过去，如果继续维持现存国有企业的国家所有制，是否将再次需要国家重新投入巨额重组成本进行救赎？这是应该未雨绸缪的问题。确实，单纯锕定某些产业的国有垄断企业在未来的经济浪潮中能否主要借助于市场的力量实现产业结构的升级而不必再耗费巨额的国家成本与高昂的改革成本，是中国经济发展中一个值得认真考虑的根本性问题。在这个意义上，市场经济如何真正与公有制结合的问题并非已有了明确答案，而仍有待于深入研究。

以上提及的社会主义市场经济的三个方面：资本与劳动的关系问题、效率与公平的关系问题、市场经济与公有制的关系问题都需要进一步的深入思考与认真研究，这三个方面的问题归结为一点，就是社会主义与市场经济如何更好结合的问题。

三

中国特色社会主义理论在未来的发展与完善中应对以经济建设为中心和以人民为中心的关系作出更为系统合理的说明。一方面，无论是中国还是其他发展中国家，人均 GDP、生产力水平与发达国家相比还有很大差距，还需要继续发展经济，以经济建设为中心；另一方面，我们过去过于偏重经济建设引发了大量矛盾与问题，现在要以人民为中心，更为关注社会公平，实现改革成果共享，满足人民日益增长的美好生活需要，而不能见物不见人。就以上而论，以经济建设为中心与以人民为中心都有其合理性，但是从理论上分析，以经济建设为中心与以人民为中心到底是什么关系？两个中心的各自含义是什么？两个中心有何区别与联系？在以经济建设为中心的情况下怎样体现并切实做到以人民为中心？在以人民为中心的情况下怎样做到以经济建设为中心？两者是否存在冲突或矛盾的一面？是否存在两种发展思路的张力？如果出现矛盾，如何协调？协调的原则是什么？我们党的文件中对这些问题没有展开，学术界有分析，但总体而言深度与系统性均有所欠缺。这种理论上的问题反映到实践中就可能造成发展思路的不清晰：两者都是中心，都十分重要，到底该如何做？这种思维的混乱在地方层面反映得更为明显。基于这一问题的极端重要性，我们必须要进一步加强研究。

结语

以上三个重大问题：党的领导与人民当家作主的关系问题、社会主义与市场经济的关系问题、以经济建设为中心与以人民为中心的关系问题，都是当前改革在理论上需要进一步思考、研究与解答的问题。改革的伟大实践还在进行中，中国特色社会主义理论也必然具有开放性。问题思考的深入必将推动改革实践更为顺利地展开。

2018 年 8 月 4 日

传统经济发展方式亟待升级[②]

一个非洲裔学生到国外留学，每每聚会聊起自己家庭的优越，黑黑的脸庞也藏不住他的自豪："我们家囤了 1 万斤大米。"同学们都笑了。一个中国的富二代直接开怼："都什么时代了，谁还家里囤那么多大米啊，我们家在北京囤的是二十多套房

① 这是针对微信文章《中国经济进入改革算账的终局》所写评论。

子。”其他后工业化发达国家经历过周期之刃的同学们听完也笑了：“囤那么多砖头块儿干什么？对社会的贡献才是一个人的价值啊。”中国的富二代非常非常不屑：“哼！我们那里有钱人都囤房子的。”最后，大家形成一条十分明显的鄙视链。

如果经济发展方式真的转变成功，那我们的发展模式就会进一步完善，进一步证明了自己的优越性！实际上，随着改革进入深水区，发展进入新阶段，既有模式的局限会进一步显现，改革发展的内在制约因素会加大。中国道路的研究者如果看不到这样的问题，研究就容易陷入抽象的演绎和单纯的诠释！

2018 年 7 月 29 日

新旧动能转换的关键是尊重市场本身的规律

今天，中国发展的关键在很大程度上取决于经济发展方式的转变。经济发展方式的转变现在更明确表述为经济发展的新旧动能转换。旧动能的不可持续很明显，但新动能在哪里？越在落后地区这个问题越明显！创新、人才、管理、市场条件，等等，都不是短期内能够有效培育或出现的。对于新旧动能转换，更甚于经济发展方式转变，要有打持久战的准备，不能贪功冒进，不能急于求成，更不能完全依靠政府的规划与项目！新旧动能转换的关键是尊重市场本身的规律和机制，培育市场内生力量，政府要总结经验教训，明确哪些方面应该有所为，哪些方面有所不为。这就要求政府处理好与市场的关系，国有企业与民营企业的关系，近期经济增长与长期发展质量的关系，项目拉动与体制改革的关系，短痛与长痛的关系！

经济发展是支撑中国道路与体制的核心要素之一，而新旧动能转换则是经济发展方式转变的关键内容。这方面的成功是中国由大到强，乃至在中美竞争中不处弱势的必要条件！

2018 年 5 月 31 日

中美碰撞难以避免[①]

这才叫问题意识。不是云山雾罩，不是我注六经，不是单纯诠释，不是一味歌颂，此文值得认真阅读。当然，对于此文提出的问题未必完全赞同，但其作者确实做了思考，这种独立思考意识尤为可贵。

实际上，自从中国提出“一带一路”，倡议提出中国道路的世界意义，中美的竞争就已经表面化，西方对中国的警惕也已经表面化了。两条道路的碰撞，两种秩序的构建，两种利益的冲突，这种情况下，中美之间很难避免陷入长期的残酷竞争，因为改变世界的雄心壮志把我们自己推到了聚光灯下。对此我们有足够的准备吗？如何切实预防我们外交领域的战略透支呢？从我们的顶层设计与西方对中国的高度警惕来说，我们恐怕将会半自愿、半被迫地走上与美国全面竞争的挑战道路。

① 这是针对联合早报文章《中国应反思总体战略走向》所写评论。

2018年4月25日

创新的规律[①]

有些领域还真不是靠政府规划和资金投入就可以赶超的。顶级的创新需要良好的基础教育与宽松合理的研究环境，有其特定的创新规律。很多创新依靠的是市场本身的机制与规律，往往超出政府规划的创新范围。我们常说，我们在几十年的时间内走过了西方几百年的道路，实际上有些东西是跨越不过去的。

守正出奇才是正确的态度。产业环境和社会人文环境改善了，规模大了，基础厚实了，逆袭才有可能发生。现在的问题是整天想着出奇，而少有人去依常识做，慢慢地积累。真正的国家意志应该是创造环境，培植基础，特别是打破官本位，而不一定亲自去做逆袭的计划。基础环境好了，极少数具有实力且有远大追求的民营企业在时机成熟时，就有可能打出漂亮的一击。20世纪80年代，韩国三星突入半导体以及中国华为近年局部突破，凭借的都是企业层面的远见和执着，而非政府动员和公共资源的堆积。

2018年4月22日

创新驱动为何缺乏

就公权力而言，在改革开放以来的较长一段时间里，通过

---

① 此微信是阅读网络文章《为何“两弹一星”模式不适用于芯片业》有感而写。

经济增长把蛋糕做大几乎成了政策的单一导向。按照这样一种效率优先、尽快做大蛋糕的政策导向，公权力更有积极性通过直接干预经济，通过自然资源、资金的大量投入方式来达到短期内经济迅速增长的靓丽效果。因为大量资金与自然资源的投入具有迅速拉动经济增长的即时效应，所以政府对于在短期内不仅难以直接利用，而且需要不断投入资金与精力的人力资源特别是人才资源培养、自主创新能力提高往往缺乏足够的兴趣。尽管长期来看，不论是人力资源培养，还是自主创新能力提高都是经济发展可持续发展与具有国际竞争力的关键。就此而言，以往过分强调做大蛋糕的经济模式本身很大程度上就具有排斥各种促进经济可持续发展因素的特点。劳动力长期的低廉价格促进了劳动密集型产业的发展，但缺乏创新是劳动密集型产业本身的一大问题。由于地方财政收入的巨大压力以及经济增长的政绩观，地方政府更倾向于追求经济增长的短期效应，因此，传统经济发展方式的以上弊端在地方层面得到了进一步强化，而且往往表现得更为明显。

就企业而言，作为市场主体的企业在传统经济发展方式下也往往缺乏足够的创新压力与动力。就市场的宏观主体进行分析，外资企业由于在许多领域缺乏有效竞争从而难以产生我们期待的技术溢出效应；国有企业由于处于垄断地位也不存在广泛持续的整体性创新驱动；而众多民营资本一方面缺乏足够资金，另一方面由于在过去有大量低廉的劳动力成本可以利用，也缺乏进行创新的条件与意愿。当然，这样分析并非是否定某些国家攻关项目所取得的科技创新，也不是否定在一些行业与领域中国企业的创新性成就，但就整体而言，中国经济的创新力度与程度均有较大不足，经济活动中体现技术进步的全要素生产率亟待提高。实际上，一个国家、一个社会，其经济的创新活力并不主要体现在国家巨资攻关的项目或国家重点支持的行业领域，而是体现在市场本身与社会本身的创新活力，正是在这一方面，由于体制机制的原因，我们与西方发达国家相比还有较大差距。

2018 年 3 月 27 日
现代社会还有无产阶级吗？

答案非常肯定，有！按照马克思主义的经典定义，无产阶级是不占有生产资料的社会集团。今天这一定义仍然适用。只要是从事经济劳动且不占有生产资料，那他就属于无产阶级。当然，如果他的工资比较高，积累了财富，有可能成为中产阶级。但是必须注意，今天所谓中产阶级的“产”与无产阶级的“产”含义是根本不同的！无产阶级的“产”指的是生产资料，而中产阶级的“产”指的是财产，一个是马克思主义政治经济学意义上的，一个是社会学意义上的，所指不同。就此而言，一个工人可能比较有钱，但是如果他不直接占有任何生产资料，就仍然可以说他是一个无产者。

当然，尽管身份上还属于无产阶级，但是一个富裕的工人比赤贫的无产阶级要好多了，这本身也是一种社会的进步。从马克思那个时代赤贫的无产阶级到现在富裕的无产阶级，确实是一个历史的进步，这是从无产到有产的一个中间阶段、过渡阶段！因为工人工资收入的提高，说明他已经参与到对资本剩余价值的更大程度的分割中来了。尽管他对生产资料仍不直接占有，但是他参与了对剩余价值更大程度的分配。就此而言，他相当于隐性地占有了部分原属于资本家控制的生产资料。瑞典的职能社会主义就是如此！从生产资料的无产，到财富的占有与剩余价值更大程度的分割，再到最后生产资料的有产，是一个渐进发展的过程。但是要看到，正是由于仅仅参与剩余价值的分割，而没有在很大程度上真正直接支配生产资料，所以工人对财富这样一种占有是不稳定的，一旦有经济危机或者失业，中产阶级很容易又恢复到无产阶级。这也说明，相对于财富的占有，对生产资料的占有更为重要，更为基础。

当然，对于今天的工人来说，一方面可以更大程度地参与到对剩余价值的分割中去，从而使工资提高，积累财富；另一方面，也可以用这些财富、收入去购买股票从而获得资本收益，而如果这样的话，他就不再算是纯粹的无产阶级了，因为这时他某种程度上已经参与到对生产资料的所有中去了，尽管这种资本收益可能比较少，但是按照典型的马克思主义的含义，他已经不再算是纯粹的无产阶级。一个工人的财产越多，他购买股票获得的资本收益越多，就越在更大程度上脱离无产阶级的地位。就此而言，社会学意义上的财产与政治经济学意义上的生产资料，又具有一定的相关性。

归根结底要认识到，无产阶级是以对生产资料的占有为标准来划分的：占有与否、占有程度。占有与否，分的是无产阶级与有产阶级。占有程度，说明的是无产到有产的转化程度。如上所述，一个财富多的无产者比财富少的无产者，更容易转化为有产者。

2018年3月20日

要区别评价生产关系的历史尺度和价值尺度

最近私有制又成为一个引人关注的话题。有学者引经据典，从意识形态高度批判私有制，好像私有制主要代表剥削压迫，越快消灭越好。对于这一观点，我们只需引用恩格斯在《反杜林论》中的一段话就可以了。

“当一种生产方式处在自身发展的上升阶段的时候，甚至在和这种生产方式相适应的分配方式下吃了亏的那些人也会欢迎这种生产方式。大工业兴起时期的英国工人就是如此。不仅如此，当这种生产方式对于社会还是正常的时候，满意于这种分配的情绪，总的来说会占支配的地位；那时即使发出了抗议，也只是从统治阶级自身发出来的（圣西门、傅立叶、欧文），而在被剥削的群众中，恰恰得不到任何响应。”

恩格斯的这段话，点明了评价生产关系的历史尺度与道德尺度的区别。一种生产关系，可能存在剥削压迫，在道德上具有恶的一面，但其能够有效促进生产力的发展，满足社会各部分人群的需要，增进被剥削者的利益，受到被剥削者的欢迎，那它就具有历史的合理性与正当性。就此而言，历史尺度与价值尺度并不完全统一。价值尺度是必要的，但归根结底，价值尺度要服从于历史尺度，这才是历史唯物主义的观点。从道德上进行抽象的批判，有时并无多大益处！

2018 年 3 月 15 日 慎言宏大的经济理论创新

这篇文章很有意思，作者激烈批判了经济学界的两位牛人：李稻葵和田国强，批判他们构建所谓中国经济学的说法！①

现代经济学应该有一些基本的理论，比如金融方面、财政方面，等等，反映了市场经济共同的规律和机制。不同的国家只是根据不同的国情应用而已。在这种应用过程中，很多创新都是在政策层面、思路层面，而不是基本理论层面。所以在研究创新时，一定要搞清楚是宏观层面还是中观层面或者微观层面的创新，是基本理论的创新还是思路政策的创新。轻言宏观层面的基本理论创新，只能表明认识的不清醒。这在各个领域都有所表现。之所以不能轻言这种创新，一是因为基本理论的创新并非易事，难度很大；二是因为中国还在迅速的发展中，治理模式还在探索，很多问题需要用历史间距去观察。

再者，我们也不要期望构建一个精致的、完美的理论来解释、指导现实的一切。宏大而精致的理论与一国经济发展之间并没有什么必然联系。很多国家经济发展成效不错，但是并没有什么非常明确的、独立的、宏大的、精致的理论指导。只要发展思路、基本政策不跑偏就可以了。当然，如果学者想创新那是他自己的事情。

① 此微信是阅读胡景北文章《关于这个问题，李稻葵和田国强都是在扯淡》有感而写。

慎言宏大的理论创新，慎言构建什么学派。努力是必要的，清醒也是必要的。

2018年1月31日
如何正确理解“一带一路”倡议[①]

罗建波这篇文章写得好，不虚，很实在，对夸大“一带一路”意义的国内某些学者进行了客气的嘲讽！

务实地来看，“一带一路”原本是中国对外开放的一次全面升级，意在通过互联互通、产能合作、人文交流推动中国发展的转型升级和中国全面走出去，以及中国与沿线国家的互利共赢和共同发展。过度拔高“一带一路”的战略意义，人为赋予“一带一路”对于中国崛起的大战略色彩，乃至将其视为全球治理的平台，势必引起相关国家的顾虑与猜疑，对“一带一路”的顺利开展极为不利。如果我们的定位不清晰，“一带一路”注定会在一片质疑声中艰难前行。如果我们要把“一带一路”打造成各方共商、共建、共享的国际合作平台，打造成实现各方互利共赢、共同发展的公共产品，就必须减少对“一带一路”所做的地缘战略想象。

国内有些学者对于国家大政方针的解读有时缺乏严谨，不是低质量的重复文件，就是天马行空过于随意。不独国际关系领域如此，这种现象较为普遍存在！

---

① 此微信是阅读罗建波文章《为什么“一带一路”不是中国的地缘战略工具，也不是全球治理的平台？》有感而写。

2018年1月23日

民营企业家的心结[①]

民营企业家的心结一是担心对权力的依附，二是担心产权不能得到有效保障。对于中国民营企业的发展最重要的是摆脱意识形态的思维方式，实事求是地看问题！民营在道德与功能上不一定就比公有低，不能预先用道德设定看问题，不能老是拿本本套问题。严格讲，民营与国企的关系很难完全用道德评价来解释！

对于中国的改革来说，一定不要从理想出发，一定不要从原则出发，一定不要从本本出发。理想很丰满，现实很骨感；原则很抽象，现实很具体；本本是逻辑，现实很复杂！

从事具体实务的官员一般不会僵化，会很现实地看问题！反而是一些在书斋中的知识分子，容易空对空，从理论到理论的思辨！

2017年12月13日

正式市场的“非正式替代”

我想用一个概念来解释大城市遇到的存在摊贩问题或者商贩的不规范经营问题，即“非正式替代”。

大城市有正式的市场与各种超市来满足居民的生活需要。

① 此微信是阅读孙立平文章《民营企业家的心结在什么地方？》有感而写。

但是我们看到，由于时间距离、商品种类、价格等原因，这些正式的市场往往很难满足居民大量的、多样性的、具体化的、追求方便的生活需要，比如早餐、理发、修鞋、修理自行车、买水果，等等。在这种情况下，在正式的官方明确许可的市场以外，就会出现非正式市场，其提供的商品、服务更为多样、便捷，交易行为更为灵活，为城市居民所需要。可以将其称为正式市场的“非正式替代”。

这种非正式的市场，在正式市场之外，在很大程度上弥补了正式市场的不足。其在官方计划里并没有合法位置，却使这个城市能够更好地生存，这表明了非正式市场存在的必要性。任何国家，都有这样一种非正式的市场。当然，从事违法犯罪经营的市场不在我们所说的这个含义之内。这种“非正式替代”，在计划经济时代尤其明显，比如各种灰色市场、地下市场，等等。

进而言之，这种“非正式替代”，不仅存在于经济领域，而且广泛存在于整个人类社会的生活领域。当然，有的“非正式替代”具有积极意义,有的则不是。对于具有积极意义的“非正式替代”，公权力应予以承认保障。

2017年11月24日

宏大的改革叙事必须落实到微观的治理机制

我一直认为，从宏大的改革叙事到微观的治理机制，其间有一个艰难的落实过程。我在以前的微信中，把这种微观的治理机制称为治理体制的神经末梢，其最真实、最敏感地反映着治理的实际效果。

如果宏大的改革叙事无法落实为有效的微观治理机制，很难说改革最后会成功。那样的话，就会出现理论非常系统、目标非常宏大，但人们对身边具体事情总是感到问题多多，觉得难以有效解决的尴尬现象；就会导致宏大的美好叙事与微观的低效治理之间的巨大张力：理念那么好，我们身边怎么还是那么多问题，让我们无可奈何，郁闷乃至出离愤怒！

满足人民日益增长的美好生活需要首先不是设计针对未来的宏大目标，而是要解决社会成员实际生活中的具体问题与诉求！这是改革初心的重要内涵！

2017年10月22日
强起来的标志

党的十九大报告讲中华民族从站起来到富起来到强起来，现在很多人解释强起来是什么意思，个人感觉这些解释不到位。对于强起来，现在只不过是一个开始，到2050年才建成社会主义强国。所以，强起来是一个过程而不是说现在各方面已经非常强大。

强起来有两个方面。就国内来说，首先，每一个领域的建设和发展都取得长足进步。现在有些领域已经比较强，在世界处于领先地位，比如有些领域的科技创新，而有的领域还不是很强。强起来要求很强的更强，不是很强的变强，包括政治、经济、文化、社会、生态、国防建设，等等，至少都在世界的中上游水平。其次，现代化建设的每一个领域要平衡发展，发展结构要均衡协调，结构优化推动整体功能提升。最后，就对内来说，强起来表现为台湾的最终统一。台湾不统一谈不到中华民族的伟大复兴，谈不到中国的最终强大。就对外来讲，强起来表现为中国从落后到某些领域与西方国家的竞争甚至赶超，中国参与乃至在某些领域主导国际规则的制定。例如习近平总书记在世界互联网大会上所提出的规则！

总之，强起来是一个过程，而不是一个已经完全实现的既定结果。

2017 年 10 月 17 日

如何理解新时代[①]

就改革发展的机制来讲，新时代、新阶段是指发展方式深刻转变，改革全面深化，改革发展进一步整体转型升级的时代与阶段。

就近现代中国历史来看，新时代、新阶段是从站起来、富起来开始步入强起来，中华民族伟大复兴的梦想日益实现的阶段与时代。如果说富起来侧重经济，强起来则涉及全面，是发展各要素之间结构的优化；如果说富起来很大程度还要追

① 此微信是阅读网络文章《海外热评十九大　外媒：中共十九大开启中国发展新时代》有感而写。

求发展的数量与速度，强起来则更强调发展的质量，表明中国的发展、中国的现代化具有了新质、开启了新的境界，达到了更高的层次与程度。

就整个世界格局来看，新时代、新阶段是国际地位大大提高，深刻参与国际秩序构建，中国开始迈向世界舞台中心的阶段与时代。开始注重全方位、各领域与西方展开竞争乃至超越，对全球事务的深刻影响甚至某些方面的主导日益明显，中国道路的世界性、中国特色社会主义的世界意义逐渐彰显。

就使命愿景来说，新时代、新阶段是在第一个一百年奋斗目标即将实现的基础上面向未来谋划第二个一百年目标的阶段与时代。第二个一百年宏伟目标的具体内容是什么？分几步实现？那时的中国是一种什么样的发展状态？以上问题太早谋划不现实，现在顶层设计恰当其时！新阶段必须有面向未来的新谋划。

就精神状态来讲，新时代、新阶段是精神饱满、担当使命、高度自信的阶段与时代。在这个阶段，妄自菲薄绝要不得，过度自负也不可取，坚定自信尤为必要。不走自卑与自负的两个极端，新阶段要有新的精神状态、新的精神风貌、新的精神气度。

2017年10月16日

如何理解新的发展阶段

习近平总书记在“7·26”重要讲话中指出：党的十八大以

来，在新中国成立特别是改革开放以来我国发展取得的重大成就基础上，党和国家事业发生历史性变革，我们发展到了新的历史起点上，中国特色社会主义进入了新的发展阶段。

对于新的发展阶段到底如何理解？国内理论界阐释很多，我自己也一直在思考，但总觉得阐释不到位，思考也不清楚！

我认为，新的发展阶段包括以下内涵。

（1）新的目标愿景。细读习近平总书记讲话，可以看出，习近平总书记指的是党的十八大以来，我们的发展进入了新阶段。按照马克思主义使命型政党善于规划的特质，新阶段首先意味着要确定新的目标愿景。习近平总书记赋予“两个一百年”目标新的内涵与新的要求，并在此基础上提出了中华民族伟大复兴的中国梦。此谓一新！

（2）新的发展趋势。这种新的发展趋势体现在方方面面，有的在党的十八大以前就已经存在，有的在党的十八大以后逐步凸显。比如，就生产力而言，从依靠资源驱动与资本驱动开始转向依靠创新驱动；就生产关系而言，从让一部分人先富起来，继而追求共同富裕；就改革策略来说，从注重“摸着石头过河”到更加注重顶层设计；就生态环境来说，扬弃工业文明，走向生态文明新时代；就公共事务来说，从过去的管理转向治理；就国际事务而言，从原先的韬光养晦转向更加有所作为；就国际地位而言，从大国开始转向强国；等等。以上都是改革发展的新的趋势要求！适应以上诸方面的新的趋势要求，发展方式必须要有效转变，改革必须要全面深化，改革发展必须要整体性、系统性的转型升级。此谓二新！

（3）新的理论成果。新目标、新趋势必然催生新的理论，新的理论对应新的目标愿景，适应新的趋势要求。这就是习近平总书记的重要思想！必须认识到，尽管现在大家普遍认为习近平总书记的理论创新已经系统化，但党的十九大及以后还会进一步发展完善。此谓三新！

（4）新的实践成就。党的十八大以来改革发展已有五年，这五年极不平凡，推出一系列重大战略举措，出台一系列重大方针政策，推进一系列重大工作，解决了许多长期想解决但没有解决的问题，办成了许多过去想办而没有办成的大事。习近平总书记在“7·26”讲话中，对于中国特色社会主义不断取得的重大成就给出了明确的概括，并最终落脚到“三个意味着”。此谓四新！

（5）新的困难挑战。新阶段，既有老问题，也会产生新问题。习近平总书记也讲道，分析国际、国内形势，既要看到成就和机遇，更要看到面临的不足、困难和挑战。新的问题与挑战不必赘言，就是旧的问题在新的形势与条件下思考，也会表现出新的特点。此谓五新！

新愿景、新趋势、新理论、新成就、新挑战，此五新应该是新阶段的重要内涵。当然，还可以从其他角度再来梳理与概括。

2017年9月17日

土地财政与房地产[①]

认真读了两遍，对于我这个外行确实很有收获。

文章有三个观点十分精彩。

第一，没有“土地财政”，今天中国经济的很多问题不会出现，但同样，也不会有今天中国城市化的高速发展。中国城市成就背后的真正秘密，就是创造性地发展出一套将土地作为信用基础的制度——“土地财政”。可以说，没有这一“伟大”的制度创新，中国特色的城市化道路就是一句空话。为何中国能走这条路？是因为计划经济所建立的城市土地国有化和农村土地集体化，为政府垄断土地一级市场创造了条件。“土地财政”就是利用市场机制，将土地这笔隐匿的财富转化成为启动中国城市化的巨大资本。

第二，不同于西方国家抵押税收发行市政债券的做法，中国土地收益的本质，就是通过出售土地未来的增值（70年），为城市公共服务的一次性投资融资。如果把城市政府视作一个企业，那么西方国家城市是通过发行债券融资，中国城市则是通过发行的“股票”融资。在中国，居民购买城市的不动产，相当于购买城市的“股票”。这就解释了为什么中国的住宅有如此高的收益率——因为中国住宅的本质就是资本品，除了居住，还可以分红。

第三，当前最要紧的，就是必须尽快将住房地产分为投资

① 此微信是阅读网络文章《地方官员赵燕菁谈土地财政，深度超过100个经济学家》有感而写。

和消费两个独立的市场。现在的房地产政策之所以效率低下，一个很重要的原因，就是我们希望用一个政策同时达成“防止房地产泡沫”和“满足消费需求”两个目标。要想摆脱房地产政策的被动局面，就必须将投资市场和消费市场分开，并在不同的市场分别达成不同的经济目标：在投资市场，防止泡沫破裂；在消费市场上，确保居者有其屋。在投资市场（商品房），控制数量（比如，将供地规模同其空置率挂钩），放开价格，避免不动产价值暴跌触发的系统性危机；在消费市场上（保障房），控制价格，增加数量，满足新市民进入城市的基本消费需求。

此文值得一读！

2017 年 6 月 30 日 理解“一带一路”倡议的新视角[①]

这篇文章对于主题，即中华文明和中国共产党的阐述中规中矩，没什么大的新意，且缺乏对于今天两者关系的深度系统阐释。但其讲的一个问题引起了我的关注。

这篇文章讲到了后发国家在工业化进程中往往采取集中国家力量的赶超战略，但在工业化达到一定程度后，国内的消费不足、原料不足、产能过剩、资本过剩将会导致一个国家经济的对外拓展、贸易的对外交流，包括资本、原材料、人力资源、技术等。

后发现代化国家，比如德国、日本囿于国内工业化累积的

① 此微信是阅读文章《中华文明与中国共产党——写在中国共产党成立 96 周年之际 | 修远研究报告》有感而写。

问题，通过对外战争的形式意图打通经济向外的渠道，但最终失败了。美国通过“一战”尤其是“二战”的胜利，通过马歇尔计划等，确立了在全球化中的主导与优势地位。但现在，美国的路和德日的路，中国都走不通了，也不可能走通了！

在今天的时代条件下，中国要解决工业化达到一定程度后的国内矛盾、危机累积，就必须向外寻求突破，另辟蹊径。在这种情况下，在汇集智库成果的基础上，“一带一路”倡议应运而生。就此而言，中国的“一带一路”倡议其实并没有超过大国现代化、工业化“由内向外”的共同规律和一般逻辑，只不过方式不同而已。

大国在工业化进程中解决国内累积问题，向外寻求破解之道，有多种模式，最典型的有美国模式、德日模式以及今天中国的“一带一路”模式。

2017 年 6 月 25 日

以过程思维看待治理模式

最近我愈加坚定了自己的一个观点：任何治理模式都具有历史性、时代性和过程性，在规范意义上，都有一个萌生、发育、形成、成熟、衰退的过程。美国的治理模式如此，其他国家的亦是如此。道理很简单，任何治理模式都是适应特定历史条件和时代形势而形成的，不可能是长久不变的。历史条件和时代形势发生巨大变化，治理模式的转换就是必然的。

当然，达到衰退阶段以后，有的治理模式因为始终无法调整自身以适应新的形势、条件与挑战而最终崩溃；有的则可以通过艰难的调整，努力适应新的形势、条件与挑战而自身逐步演化为一个新的类型或发展到更高层次，这意味着治理逻辑的与时俱进或者优化！

以这样一种历史的、过程的观点来看美国与中国的治理模式可能更为理性一些。美国的治理模式也曾有其辉煌，包括对内与对外，不然我们就无法理解美国的崛起及“二战”后世界秩序的形成。但毫无疑问，其现在面临重大挑战与危机，如不深刻调整，则会持续衰败。中国今天的治理模式也创造了几十年的中国奇迹，但也并不是没有较为严重的问题。面临市场经济、民主政治、冲突社会、多元思想的内部环境，面临全球化转型升级、民族复兴和伟大崛起的外部环境与伟大使命，我们现有的治理模式也需要进一步的合理化调适，绝不能以一种僵化的、固步自封的态度对待我们自己的治理模式。

2017 年 6 月 23 日

治理模式的过程性

任何一种发展模式与治理逻辑都有一个萌芽、形成、发展、成熟与衰败的过程，除非这种发展模式与治理逻辑能够实现与时俱进的调适，迈向新的更高层次的发展方式与更为优化的治理逻辑。如果不是这样的话，即使一种发展方式与治理逻辑在一定时期确实取得了不错的成就，其后续发展也会成为问题，因为其往往无法应对新的形势与挑战，从而难以再创造新的辉煌，而走向下坡路，所以，在发展与治理逻辑上，也要秉持一种历史的、过程的观点。这是马克思主义的基本原理告诉我们的：不能抽象地讨论一种发展方式、治理逻辑、成就与困难。此即发展模式与治理逻辑的过程论。

我不禁想起了邓小平同志“三步走”的发展战略，第三步是到 21 世纪中叶，人均国民生产总值达到中等发达国家水平。这些年随着中国经济的高速发展，靓丽的外观数字，似乎表示邓小平同志当时的第三步走目标设计过低，过于保守了。我却始终认为，宁可估计保守些，也不能迷糊，不能自己忽悠自己。中国全方位的赶超哪有那么容易，现在面临的问题与挑战还相当多、相当严峻！当年就喊“超英赶美”，过了五六十年，现如今在很多方面的差距仍然还是很明显。多看看别人的好处，多看看自己的不足，不要老是拿自己的长处比别人的短处。再说，今天来看，美国的治理模式也处在深刻调整与升级中，因为不调整的话美国将会面临更大的危机，衰落得会更快！

2017 年 6 月 22 日

进一步赋权于民，经济发展才有动力①

有一种说法一直在国内很流行，认为中国经济几十年迅速发展的奇迹是个巨大的谜，谁能解开这个谜谁就可以获得诺贝尔经济学奖。这种说法过分夸大了中国经济发展模式的独特性，

① 此微信是阅读文章《李克强：如果沿用老办法管制就可能没有今天的微信》有感而写。

好像中国经济发展很难用通行的经济学常识予以解释。实际上，中国经济经过近 40 年的迅速发展，尽管成就极其辉煌，但远称不上是个难解的谜。中国的经济发展也遵循他国经济发展的一般规律与共同逻辑，那就是逐步地放权，赋权于民，不断确认并保障公民的经济权利，包括经济自由权和产权等。这就是社会主义市场经济的基本内涵之一。这种放权、赋权大大激发了民众的创造热情与能动性，成为推动经济发展的一个巨大动力源。对此，邓小平同志有大量明确的论述。

当然，中国经济发展模式也有其独特性，那就是国家对经济活动的深度渗透与控制，包括对相关官员在经济发展方面的绩效考核、评比、提拔的锦标赛模式，这形成了对体制内官员发展经济的强大有效激励！

十八届三中全会提出让市场在资源配置中起决定性作用。毫无疑问，这个理念非常好，但传统计划思维根深蒂固，在某些领域甚至成了无意识的存在，公权力的不当干预仍大量存在，旧的发展方式惰性很大、惯性很大。

经济发展方式的转变要求进一步更好地赋权于民、放权于民，不如此则经济发展无动力，普遍创新也无可能，但观念障碍与体制障碍的阻力，注定了中国经济改革的艰难，但根本的经济规律最终还是不能违背的。可以说，在此方面，我们既有经验，也有教训。兹事体大，不可不察。

2017年5月26日

落实改革思路的治理机制需进一步调适

未来五年将是新一届中央领导集体的改革思路在地方和部门层面贯彻落实的关键时期。然而,观察现实可以看到,一方面,既有的改革布局与思路亟须贯彻落地;另一方面,地方与部门在某种程度上又缺乏贯彻落实既有改革布局与思路的精力与资源。现在地方与部门的大量精力一是耗费在应付自上而下的繁重检查与考评任务上,二是耗费在应对众多突发事件与消除风险因素上,四处灭火。不论是自上而下的检查与考评,还是不可测的突发因素,一旦出现问题往往是一票否决,地方、基层与部门的压力怎么能不大?在这种情况下,地方恐怕难有足够的精力与资源专注于改革顶层设计的有效落实。综合以上分析,改革思路与布局是新的,发展目标也是极其宏伟的,但落实改革思路、实现发展目标的治理逻辑与治理机制(这在自上而下的压力型体制表现得尤为明显)在很大程度上尚需进一步的合理化调适,尚待进一步的现代化。

2017年5月2日

国家末梢治理的失效问题

在我对国家治理的研究与观察中,我发现一个大家可能都非常熟悉的现象,即末梢治理的失效。国家治理的末梢,不仅是指离中央最远的基层,更是泛指国家治理的最底层(地方最底层即基层，部门最底层或底层部门，机关最底层或底层机关），比如中央机关或国家部委内部的底层。末梢治理的失效是指本来正确合理的上级与中央决策在国家治理的末梢往往无法有效落实，即我们通俗讲的，雷声大雨点小！

为什么会存在末梢治理的失效？现在看来，可能有以下几个原因。一是末梢缺乏足够的权能无法把自上而下的好政策贯彻落实。现在基层政府比如乡镇政权在某些方面的职权就是如此，如关闭污染企业乡镇政府恐怕就没这个能力，但有治理考核指标。二是公权力末梢的自身利益（地方利益、部门利益或机关利益）使得上级正确的决策往往无法落实。由于信息不全面等委托代理难题，导致上级无法对末梢进行有效监督制约。在这种情况下，末梢或是拖延，或是造假，或是做形式，或是变通办理，最终让来自上面的政策与制度无法有效落实。在这种情况下，不管表面如何轰轰烈烈，末梢的情况实际改变不大，深层次问题往往得不到有效解决。三是缺乏来自国家治理最底层民众的实质性参与、监督与制约。上面的监督够不着，下面的监督渠道又不畅，就容易造成上下都不管的治理状态，末梢治理的失效也就难以避免了。

在现实的基层、部门与机关的治理中，这种末梢治理的失效确实存在。而要解决这一问题，需要我们治理思想的解放，需要中央、地方、基层、部门与单位责权利的明确规范、清晰界定，需要治理模式的深刻变革，需要民众自主性的更好发挥。如果做不到以上诸点，再好的理念与思路也往往无法具体落地。我们既需要整个国家的宏大治理，也需要末梢的有效治理，没有末梢治理的实际推进，宏大治理就缺乏扎实的根基。

2017年2月23日
改革开得万世功[①]

2017年2月19日，是中国改革开放和现代化建设的总设计师、中国特色社会主义道路的开创者——邓小平同志逝世20周年纪念日。邓小平同志逝世20年后的今天，中国改革大业一方面不断深化、成就辉煌，另一方面又处于全面深化与攻坚阶段，面临巨大的阻力与挑战。在新的历史起点上，重温邓小平同志关于改革的智慧论述，不仅对于当前中国改革之推进具有重要的指导意义，而且是对伟人的最好纪念。

邓小平同志关于改革的论述，问题意识极强，思路系统宏阔，观点深刻明晰，针对今日改革形势，以下几方面尤具重大意义。

（1）“中国要出问题，还是出在共产党内部。”

改革的领导力量方面，邓小平同志强调要聚精会神抓党建，尤其重视中央层面党的建设。邓小平同志认识到，在改革开放的过程中，内外部的各种挑战最后必然都会集中到作为执政党的中国共产党身上，执政党必须切实抓好自身建设，统一思想、整顿作风、加强纪律、纯洁组织。他所强调的“这个党该抓了，不抓不行了”和“中国要出问题，还是出在共产党内部”，实际上就是“打铁还需自身硬”的另外一种说法。针对党内思想混乱、官僚作风严重、经济市场化过程中腐败现象多发等问题，邓小平同志多次强调要整党，要把毛泽东同志的建党学说和党

① 此文发表于《大众日报》2017年2月22日。

的一整套优良传统与作风，包括群众路线、实事求是、批评和自我批评、民主集中制等恢复起来、发扬起来。确实，改革开放以来，较长一段时期内，党的各种优良传统与作风由于各种原因，不同程度地被忽视甚至丢弃，极不应该！好东西不能丢，必须重新恢复、重新发扬、重新确立。这也是党的十八大以来全面从严治党的一个重要思路。在党的建设中，邓小平同志抓住关键，尤其重视中央层面党的建设，他多次强调："中国问题的关键在于共产党要有一个好的政治局，特别是好的政治局常委会。只要这个环节不发生问题，中国就稳如泰山。""只要有一个好的政治局，特别是有一个好的常委会，只要它是团结的，努力工作的，能够成为榜样的，什么乱子出来都挡得住。""我们是一个大国，只要我们的领导很稳定又很坚定，那么谁也拿中国没办法。"邓小平同志强调，中央领导集体要树立改革形象，让人民感到是一个实行改革的有希望的领导班子；要胸襟开阔、眼界宽阔，要从大局看问题，放眼世界，放眼未来，也放眼当前，放眼一切方面；要扎扎实实做事情，取信于民，尤其是真正反对腐败；党内无论如何不能形成小派、小圈子，小圈子那个东西害死人；领导集体必须有一个坚强的领导核心。"任何一个领导集体都需要有一个核心，没有核心的领导是靠不住的……开宗明义，就是新的常委会从开始工作的第一天起，就要注意树立和维护整个集体和这个集体中的核心。""不能否定权威，该集中的要集中。"联系改革开放以来直至今日中央层面党的建设的实际，邓小平同志的论述可谓句句实在，点到问题的要害。正如邓小平同志预料的："只要这个领导集体是团结的，坚持改革开放，即使是平平稳稳地发展几十年，中国也会发生根本的变化。”

（2）“比较正确地说，我是实事求是派。”

改革的基本路线方面，邓小平同志强调要围绕一个中心，坚持两个基本点。以经济建设为中心毋庸赘言，邓小平同志对两个基本点的强调在今天尤其具有现实意义。“要搞现代化建设使中国兴旺发达起来，第一，必须实行改革、开放政策；第二，必须坚持四项基本原则，主要是坚持党的领导，坚持社会主义道路，反对资产阶级自由化，反对走资本主义道路。这两个基本点是相互依存的。”实行改革开放是为了打破封闭僵化的苏联模式，在老路不通的情况下探索一条解放和发展生产力、实现人民富裕和国家富强的新路。坚持四项基本原则是为了避免走资本主义的邪路，保证走社会主义的正路。“在整个改革开放的过程中，必须始终注意坚持四项基本原则。”“坚持四项基本原则任何时候我都没有让过步。”要坚持四项基本原则就要警惕“右”的干扰。“右的干扰就是搞资产阶级自由化，全盘西化，包括照搬西方民主。”既要坚持四项基本原则，又要坚持改革开放，既要警惕“右”，又要防止“左”，两个基本点归结到一起，就是要实事求是，根据自己的实际情况，寻找一条具有中国特色的现代化建设与发展之路。正像邓小平同志指出的：“国外有些人过去把我看作是改革派，把别人看作是保守派。我是改革派，不错；如果说坚持四项基本原则是保守派，我又是保守派。所以，比较正确地说，我是实事求是派。”两个基本点即是两条边界，其相互支撑，不仅决定了中国特色社会主义的形成，而且实际规定了中国特色社会主义发展的可能前景，开出了中国特色社会主义发展的张力空间，是中国社会主义建设与发展不犯方向性错误的路线保证。既不走封闭僵化的老路，也不走改旗易帜的邪路，在两个基本点的这种张力空间中所形成并不断发展的，就是既不“左”又不“右”的中道，即中国特色社会主义道路。邓小平同志两个基本点的辩证思维将会长久影响中国以后的改革与发展，对于今天中国的思想分化与争鸣也具有深刻的启示意义。

（3）“我们确定了一条方针，就是胆子要大，步子要稳。”

改革的策略方法方面，邓小平同志强调胆子要大、步子要稳，同时要发挥民众的积极性。“胆子要大”是就战略而言，是指要打破思想禁锢，认准了就要坚定不移搞下去，而不能裹足不前、瞻前顾后、畏首畏尾。“步子要稳”是就战术而言，是指在认准方向后的具体探索过程中，要稳妥慎重、及时总结回顾，决不能鲁莽行事，这样才能够避免大的失误。“胆子还是要大，没有胆量搞不成四个现代化。但处理具体事情要谨慎小心，及时总结经验。小错误难免，避免犯大错误。”“我们清醒地意识到，我们宏伟的发展规划是有风险的，难免会犯错误。但我们确定了一条方针，就是胆子要大，步子要稳，走一步，总结一步的经验，对的就贯彻下去，不妥当的就改。这样就可以不犯大的错误。”“我们的路是漫长的，还会遇到许多困难，错误也是难免的。关键在于不断地总结经验，使我们党的生活民主化，使我们国家的政治生活民主化。这样就能听到更多人的意见，特别是人民群众的意见。”邓小平同志的这一策略方法不仅适用于改革之初，同样也适用于今天。尽管随着改革经验的增加以及认识的深化，现阶段改革顶层设计的作用愈益凸显，但这丝毫没有冲淡邓小平同志相关论述的价值。顶层设计的科学性本身需要经过实践检验，顶层设计细化之后也需要稳步探索实施。随着改革的推进，改革的领域愈益宽广，改革的复杂性与难度愈益增加，未知因素和不可测因素也随之增多。基于以上情况，在改革全面深化的新阶段，“摸着石头过河”的必要性不是减弱了，而是进一步增强了，对此必须有清醒的认识。在改革实践中，邓小平同志还十分重视发挥人民群众的积极性。“这些年搞改革的一条经验，就是首先调动农民的积极性，把生产经营的自主权力下放给农民。农村改革是权力下放，城市经济体制改革也要权力下放，下放给企业，下放给基层，同时广泛调动工人和知识分子的积极性。”“乡镇企业是谁发明的，谁都没有提出过，我也没有提出过，突然一下子冒出来，发展得很快，见效也快。家庭联产承包责任制也是由农民首先提出来的。这是群众的智慧、集体的智慧。”广大人民群众在改革开放以来的经济建设中，有效发挥了自身的积极性和能动性，推动了中国经济社会的迅速发展。今天，面临改革攻坚的严峻形势和复杂挑战，执政党更要相信民众，进一步在各方面赋权于民，给予民众更多的自由、空间与平台，持续激发民众中潜藏的创造力与热情，凝聚共识、汇集力量，如此才能实现各项宏伟目标蓝图。

（4）“我们从政治角度考虑外交问题，不用打牌的方式。”

改革的国际战略方面，邓小平同志强调不玩打牌游戏，而是要坚持独立自主的和平外交政策。“我们坚持独立自主的和平外交政策，不参加任何集团。同谁都来往，同谁都交朋友，谁搞霸权主义我们就反对谁，谁侵略别人我们就反对谁。我们讲公道话，办公道事。这样，我们国家的政治分量就更加重了。

这个政策很见效，我们要坚持到底。”这种独立自主的外交政策能够使我们在错综复杂的形势面前保持最大的行动自由，不受制于结盟的任何国家或集团，完全根据自身的实际情况来决定和调整对外关系和政策。在国际交往中尤其是中美关系方面，邓小平同志特别强调不能玩打牌游戏。“在国际关系中，现在比较形象的语言是打牌。打牌是个手段，用打牌来达到什么目的，我始终怀疑。我们从政治角度考虑外交问题，不用打牌的方式。”“我们是从战略角度考虑中美关系的，双方都不要玩打牌游戏。打牌是不从政治角度、不从战略利益考虑的，有时甚至也不从国家利益考虑。如果是打牌，牌就可以随时换，也可以随时丢掉。从战略的角度、政治的角度考虑问题，才能有个稳定的政策。”“我们不打别人的牌，就是说不打苏联的牌，也不打美国的牌。我们也不让别人打我们的牌。”不玩打牌游戏，也就是说，在国家之间的交往中，不能局限于一时一事之私利，不能要手腕、玩花招，不要搞外交手法，而应从长远角度、战略高度，注重构筑相互尊重、持久互利互信的关系架构。这是最根本的，也是最具现实意义的。认真思之，邓小平同志的精辟论述对于今日中美关系之处理应该说仍有极具针对性的指导意义。

（5）“一定要使人民得到实惠，得到看得见的物质利益，从切身经验中感到社会主义制度的确值得爱。”

改革的重大意义方面，邓小平同志强调改革是为社会主义正名，中国改革有其重大的世界历史价值。邓小平同志多次强调通过改革，通过生产力的发展与人民生活的改善来证明社会主义的优越性。“社会主义的优越性总要通过生产的发展和人民生活的提高来体现，这是最起码的标准，空头政治不行。”“社会主义制度优越性的根本表现，就是能够允许社会生产力以旧社会所没有的速度迅速发展，使人民不断增长的物质文化生活需要能够逐步得到满足。”“人民是看实际的。”“一定要使人民得到实惠，得到看得见的物质利益，从切身经验中感到社会主义制度的确值得爱。”确实，只有如此，社会主义才不是一个空虚的名词，人民才会感到社会主义是现实的，是名实相符的，人民对作为一种意识形态与现实运动的社会主义才具有价值认同。党的十八大以来，习近平总书记强调，要“把是否促进经济社会发展、是否给人民群众带来实实在在的获得感，作为改革成效的评价标准”。这一理念与邓小平的观念是内在契合、完全一致又与时俱进的。进而言之，邓小平同志认为，改革不仅是为中国社会主义本身正名，同时中国改革的成功探索也具有世界历史意义。他多次强调中国应该对人类作出贡献，中国改革的成功“不但是给占世界总人口 3/4 的第三世界走出了一条路，更重要的是向人类表明，社会主义是必由之路，社会主义优于资本主义。”“我们的改革不仅在中国，而且在国际范围内也是一种试验，我们相信会成功。如果成功了，可以对世界上的社会主义事业和不发达国家的发展提供某些经验。当然，不是把它搬给别国。”中国的改革不仅是中国的，同时也是世界的。党的十八大以后，习近平总书记多次强调，中国在国际治理中将更多提出中国方案、贡献中国智慧，实际上所体现的也是这样一种对中国改革世界意义的自觉认知。

邓小平同志逝世 20 年来，中国的改革持续推进，国内外形势在很多方面已经发生了巨大的变化。但作为中国改革开放和现代化建设的总设计师、中国特色社会主义道路的开创者，邓小平及邓小平理论具有永恒的研究价值与长久的现实意义。越是原初的，越是具有本真直接的问题意识，越是具有洞悉要害的战略视野，越是具有明晰明快的表述风格，越是具有返璞归真的理论境界，越是让人具有朴朴素素的亲切感，越是带有一种激动人心的巨大力量！未来在很多方面可以超越过去，但未来在很多方面也源自过去，永远会被过去所塑造。斯人已逝，理论长存，伟业长存！

2017年1月20日

邓小平：烈士暮年，壮心不已！

用了十天时间再读了《邓小平思想年编》，感慨良深。邓小平同志确实是亘古未有的卓越人物。想起邓小平同志，就会想起改革开放，就会想起那首著名的《春天的故事》。烈士暮年，壮心不已，老骥伏枥，志在千里。一个老年人却有那样一种激情、活力和创新精神。

我不禁想起邓小平同志去世时我的深刻感受。邓小平同志是1997年2月19日去世的，我那个时候在大学读本科一年级。早上，从学校食堂打饭回宿舍，在路上听到学校广播《告全党全军全国各族人民书》。一听是邓小平同志去世，我的直观感觉就是觉得背后忽悠了一下，感觉靠山没有了，中国的发展未来方向如何？中国以后怎么办？这是我没有经过反思的直接感受。后来我自己思考，这样一种感受，实际上是以对邓小平同志这样一种历史贡献的高度认可为前提的。伟人已去世20周年，现在再来读邓小平同志的系列讲话，深刻、睿智、朴实，充满智慧，没有套话，直击问题要害。

“我这一生只剩下一件事，就是台湾问题恐怕看不到解决的时候了。已经做成的事情是，调整了与日本、与美国的关系，也调整了与苏联的关系，确定了收回香港，已经同英国达成协议。这是对外关系方面的参与。对国内工作的参与，决定了党的基本路线，确定了以四个现代化建设为中心，确定了改革开放政策，确定了坚持四项基本原则。”

“只要有一个好的政治局，特别是有一个好的常委会，只要它是团结的，努力工作的，能够成为榜样的，就是在艰苦创业，反对腐败方面成为榜样的，什么乱子出来都挡得住。这是最关键的问题。”

“中国问题的关键在于共产党要有一个好的政治局，特别是好的政治局常委会。只要这个环节不发生问题，中国就稳如泰山。”

“真正要出问题，是我们内部出问题，别人拿我们没办法，美国也没办法。”

“我过去多次讲，可能我最后的作用是带头建立退休制度。一个国家的命运，寄托在一两个人的威望上很不正常的，而利用退休又来歌功颂德一番，也没有什么好处。退休方式要简化，死后丧事也要简化。”

还有一点需要注意，就是在改革开放后的很长一段时间，邓小平同志始终是用“安定团结”来说明政治与社会局面，只是在1989年以后的一段时间，才比较多的用“稳定”这一说法，同时也没有放弃“安定团结”这样一种说法。我感觉“安定团结”的说法比“稳定”的说法，更具有积极的引导意义。这一点，在理解邓小平同志的思想时应该深刻认识到。

2017年1月17日 邓小平同志的战略眼光

最近再次精读邓小平同志系列论著，愈是感觉到老人家的伟大，思路清晰，战略深远！

“我们任何时候都不能损坏毛泽东同志在整个中国革命史上的光辉形象，不能动摇高举毛泽东思想旗帜的原则。我们要有这个觉悟，要有这个认识。这不但是中国共产党的利益所在，中华民族的利益所在，而且是国际共产主义运动的意义所在。”

“空讲社会主义不行，人民不相信。”“一定要使人民得到实惠，得到看得见的物质利益，从切身经验中感到社会主义制度的确值得爱。”

“可以把四川分为两个省，一个以重庆为中心，一个以成都为中心。”

“我们的方针是，胆子要大，步子要稳，走一步，看一步。我们的政策是坚定不移的，不会动摇的，一直要干下去，重要的是走一段就要总结经验。”“我们的方针是，胆子要大，步子要稳。改革是一件有风险的事，我们要走一步看一步，逐步总结经验，否则人民会遭殃的。”

“什么叫领导？领导就是服务。领导者必须多干实事，那种只靠发指示、说空话过日子的坏作风，一定要转变过来。”

“政治关系的发展要立足于经济关系发展，没有经济关系，政治关系发展不长。”

“改革的根本意义是取得一个长期稳定发展的基础和条件。”

“在过渡时期，香港社会有波动的，1997 年以后，香港也还会有波动，不会平平稳稳。不要以为香港不会发生动乱。”

“几年来我一直尽量不做工作，一旦我不在，可以向世界证明，中国的事情仍然可以办的好，现行政策仍然能执行的好。这不是个人的问题，是党和国家的安全问题。排除个人因素，也许对中国对国际有好处。”

“个人是集体的一份子，任何事情都不是一个人做出来的。所以就我个人来说，我从来不赞成给我写传。我这个人，多年来做了不少好事，但也做了一些错事。如果要写传，应该写自己办的好事，也应该写自己办的不好的事，甚至错事。”

“哪一天中国出现一大批三四十岁的优秀的政治家、经济管理家、军事家、外交家就好了。同样，我们也希望中国出现一大批三四十岁的优秀的科学家、教育家、文学家和其他各种专家。”

“我相信人民的眼睛是雪亮的。”

贰

政治微评

政治微评

2018年9月22日

深刻认识党内民主与人民民主的辩证关系[1]

自党的十三大以来，以党内民主带动人民民主被确立为发展社会主义民主政治的一条根本路径，对此，理论界进行了大量诠释与论证。毫无疑问，由于我们党在政治上处于领导与执政地位，党内民主的推进必将提升党执政的科学性与有效性，提高党的领导水平和执政水平，提高拒腐防变和抵御风险能力，从而在整体上推进中国社会主义民主政治的发展。但就党内民主与人民民主的关系而言，仍有一些基本的问题需要进一步澄清与明确：党内民主是否一定并总是比人民民主发展得更好、更快？是否党内民主作为标杆一经树立，就会对人民民主产生直接有效的带动与影响？这种带动作用是否就是标杆式、立竿见影的？两者的关系是否就是单向一维的？实际上，现实的情况总比预想的要复杂，特别是随着中国社会的不断发展，我们看到，在党内民主与人民民主的关系方面好像并非仅仅前者带动后者这样简单，甚至这种带动作用本身如何理解、如何实现也需要科学认识。社会现实的复杂性及改革的不断推进，理论研究与思考的不断深入，要求我们必须对党内民主与人民民主的关系问题形成更为全面、客观的认识与把握。

一

党的十三大之所以提出，以党内民主来逐步推动人民民主，

① 此文由“天熹策论”微信公众号推送。

是发展社会主义民主政治的一条切实可行、易于见效的途径，是因为在中国改革开放之初，基于历史的经验教训与现实发展的形势，党本身的制度建设、党内民主特别是高层的集体领导制度与民主集中制建设尤为迫切，非如此党就不足以在新的时代条件下担负起领导与执政的伟大历史责任，推进中国经济建设、政治发展与社会进步。换言之，当时中国政治发展的聚焦点在于党内民主特别是党内高层的民主，这是当时党的建设所面临的最重大、最急切的课题。确实，如果没有当时党内民主制度的逐步健全，党内生活的正常化，民众经济民主权利的逐步确认与保障、政治民主权利的逐步落实与实现，都是不可能的。就此而言，确实是党内民主带动了人民民主。但这种带动并非是简单地先确立一个党内民主的范型，人民民主就会受到直接影响并自动跟进。人民民主的主体不是党内民主主体的简单扩大，党内民主也不是人民民主原则在党内的直接运用与体现。将党内民主视为人民民主的发动机与试验田，将人们民主视为党内民主的自然外溢与简单延伸，是一种忽视现实复杂性的形而上学的思维方式。如上分析，这种带动是就党内民主在中国整体发展特别是政治发展中的关键性、决定性地位与作用而言的。自党的十三大起直到今天，我们强调的带动也正是这一含义，而并非是指两种民主形式的直接对应与简单相接。实际上，一种单纯示范性或模仿性的民主化过程也并不利于公民民主文化的培育。进而言之，即使党内民主发展了，为人民民主的发展创造了良好的条件与氛围，人民民主怎样得到更好实现，仍需要认真研究各种现实的阻碍因素、有利条件以及各种具体的实现形式。这仍是需要单独加以关注的问题。

二

由于特殊重要的地位，党内民主必然会对人民民主产生影响与作用，但这种影响与作用不应过于夸大，而是有限度的。

其一，中国共产党是一个执政党，是一个高度强调政治纪律与团结统一的政治组织，成员入党首先要服从党的组织纪律，严格履行党员义务，在此基础上才享有党员的各种权利。这种对于集中统一、自上而下服从与权威的强调使得党内民主较人民民主的发展更具有可控性，但也使党内民主的发展受到一定的约束，活力容易受到抑制与影响，其动力往往主要取决于高层与上级的意志，取决于党组织的意向。尽管党一直强调，要在党内努力造成又有集中又有民主，又有纪律又有自由，又有统一意志又有个人心情舒畅、生动活泼的政治局面，但基于党内民主的以上特点，这种局面并不容易造成。此外，发展党内民主的目的虽然也在于尊重党员权利，但中国共产党作为一个执政党，尊重党员权利本身又是为了更好地提高自身执政能力与领导水平，完成自身作为政治组织的历史使命。就此而言，尊重党员权利本身并不构成党内民主的最终目的，党员权利的行使与党内民主的实现更多地具有工具和手段的意义，它完全服从并服务于组织的存在和组织任务的更好完成。党内民主在党内作用的发挥，永远是以更好地集中为指向。正因为如此，党内民主就党员本身而言往往缺乏持久、强大、长远的利益动力支持，惰性反而可能更强。“加之缺乏具体而又程序化的制度保障，在党的组织及其领导者还掌握利益分配权的情况下，党员行使民主权利，特别是行使民主监督权利，往往有危及自身利益安全的顾虑，因此权衡利弊选择放弃也是很自然的。”①

其二，党内民主与人民民主有关联，但同时也应认识到，党内民主和人民民主性质不尽相同，范围与领域也有所差别。如果在党政（执政党与国家政权机关）关系尚未完全理顺的情况下过分强调党内民主，反而有可能弱化国家政权机关的地位与作用，从而对人民民主的发展起到抑制作用。比如，近年来，为了加强党内民主，有些地方试行党的代表大会常任制和党代会代表任期制。党的十八大报告也强调，要落实和完善党的代表大会代表任期制，试行乡镇党代会年会制，深化县（市、区）党代表常任制试点。但党内民主通过如上途径加强以后，与各级人民代表大会的关系又如何处理呢？在我国，各级人民代表大会是国家权力机关。当前，各级党组织与各级人民代表大会的关系并未完全实现邓小平同志在改革之初就一直强调的党政分开，在地方与基层尤甚。在现实的政治权力运作中，各级党委在很大程度上是作为一级政权机关直接掌控政治权力，对人大与政府进行直接领导。在这种情况下，对党内民主的不断强调与高度关注势必会进一步抬升各级党组织的能力与地位，从而极有可能造成对同级国家权力机关地位与作用的影响与冲击，甚至使人大的作用在某种程度上更为虚化。就此而言，在党政关系尚未有效理顺与合理规范之前，在党内民主与人民民主的关系问题上，如何避免党组织与人大两个权力系统的摩擦与碰撞，始终是应予高度关注与认真思考的。

其三，党内民主带动人民民主的一个惯常支持理由是，各

① 聂军、刘颖：“党内民主与人民民主关系研究述评”，载《襄樊学院学报》2011年第7期。

级党员的知识水平与民主素质要比普通大众更高一些，所以，民主的建立与健全在党内应先行一步。实际上，这种观点纯粹从应然的预设出发，高估了所谓知识水平与民主素质对于民主发展的影响，当然，也同时低估了广大民众的政治素养与民主潜能。实际上，只要制度设计合理，广大民众的利益诉求得以激发并得到有效规范，人民民主将会更加活跃，不落后于党内民主甚至有可能超前于党内民主。革命战争年代，根据地识字不多和不识字的民众通过投豆子等各种因地制宜的方式就可以进行民主选举，今天我们为什么还要过分怀疑民众的素质与能力呢？重要的恐怕不是民众的素质与能力，而是民主的空间与制度设计问题的有效合理性。

基于以上三点的分析，党内民主对人民民主的带动是有一定限度的。我们不可能只依托党内民主来带动人民民主，更不能形成党内民主先行而人民民主后动的错误认识。党内民主带动人民民主不是立竿见影、直接意义上的，也不是两种民主形式一定要有先有后、先后分明。实际上，人民民主的发展有其自身的客观条件，而并不完全取决于甚至不主要取决于党内民主的发展。现实是，人民民主的发展在当今中国具有更为强大的动力与压力。人民群众是历史的创造者和社会生活的主体，相比于党内民主而言，人民民主的动力与压力源自广大民众对自身生活中实际利益的追求、维护，这种动力与压力更真实、更强烈，也更持久。特别是随着中国市场经济的不断发展，政治文明的不断启蒙，社会利益的不断分化与冲突，广大民众的权利意识、利益观念正在被充分、广泛地唤起，在这种情况下，人民民主的发展可能会更具有广度与深度，人民民主的实践可能会更加广泛与深入，形式可能会更加灵活多样。这在人民代表大会制度的改革、社会监督的不断发展、公民参与的持续推进、法制建设的不断完善等方面都有所体现，而党的十八大前后网络不断掀起的反腐高潮更是此方面的有力证明。

三

实际上，时至今日，动力与压力更大的人民民主在很大程度上已经形成了对党内民主的先行与倒逼之势。从现实来看，许多地方往往是人民民主的各种探索与试验在前，党内民主的试验和改革向人民民主的经验学习与借鉴。正如有论者指出的：“人民民主对党内民主有不可低估的辐射作用，主要表现在：人大代表的差额选举和直接选举在时序上先于党代表的选举、地方政权机关领导人的选举；在差额选举的法规规定在时序上先于地方各级党委领导人的选举以及在实践层面的运行更加完善；基层民主选举的广泛实践为基层党内民主选举提供了新的思路和模式；人大代表政协委员的建议、提案渠道对党代表作用的发挥的推动作用等，都在一定程度上说明，人民民主对党内民主起到了一定程度的推动作用。”① 以现实生活诉求为根基的人民民主的蓬勃发展必然要作用于执政党，要求执政的中国共产党通过党内民主等方式不断改善自身领导、加强自身建设、提高执政能力。这符合中国改革由易到难，由外围到核心的渐进原则。如果人民民主得不到发展，党内民主

① 梅丽红：“党内民主与人民民主的互动共进”，载《中国党政干部论坛》2004年第4期。

也就无所依凭与支托，也就不可能真正发展起来。在此意义上，党内民主的发展归根到底是人民民主发展的要求与结果，而不是相反。对于两者这种根本性的逻辑关系不能做相反的解释。正是由于人民民主的发展，党内民主才更健全完善，反之，党内民主的健全完善对人民民主的发展才会发挥特定的影响与作用。

从以上分析可以看出，党内民主与人民民主的关系并非单向一维的关系，而是内在联系、相互影响、相互制约、相互促进。就此而言，“将不同的民主形式拆分开来，片面地或单纯地推进某种民主形式，并不能发挥重点突破、以点带面、协调发展的作用，反而是阻滞了民主的整体推进、模糊了民主发展的要旨，致使中国式民主仍然是存在于人们理想中的空中楼阁”[①]。

进而言之，既然人民民主的发展作为基础推动着党内民主的发展，党内民主的目的也在于通过提高党的执政能力来更好地实现人民民主，在现实中我们就不能脱离人民民主来发展党内民主，更不能期望通过扩大党内民主等党的自身建设措施来解决党内的一切问题。新中国成立以来，特别是改革开放以来，我们一直重视党的建设，但党内的很多问题特别是权力制约与贪腐问题依然没有得到有效解决。其实，如果我们不结合人民民主的推进，而过于强调党的建设自身，主要由党本身作为主体去解决党内的各种问题，效果肯定不会理想。中国共产党作为执政党，党内的问题一方面要靠党本身去解决，更为重要的，

---

① 虞崇胜：“准确把握中国式民主的三个维度”，见谭君久主编：《中国式民主的政治学观察》，西北大学出版社 2010 年版，第 80 页。

要靠人民民主的发展与扩大。实际上，1945年毛泽东在延安窑洞中回答黄炎培所提的中共诸君如何跳出“历史兴亡周期率”支配这一问题时，已经明确指出，只有让人民监督政府，政府才不敢松懈；只有人人起来负责，才不会人亡政息；依靠这条人民民主的新路，才能够跳出这一历史上似乎难以摆脱的周期率。依照马克思主义的辩证法，党与人民群众作为对立统一双方共处于矛盾的统一体中，脱离了作为矛盾一方的人民群众，没有了矛盾另一方的对立制约，党自身的存在与建设就缺少了必不可少的环境与条件。

综上分析，对于当代中国的民主发展而言，党内民主不徒以自行，只有将人民民主与党内民主结合起来，抓住人民民主这个基础，以人民民主推动党内民主，以党内民主带动人民民主，实现两者的良性互动，中国整体的民主化进程才有可能有效推进。

2018年9月1日

关于中国官僚体制的三点认识

晚上与好友谈起中国官僚体制，形成三点共识：第一，中央、地方、基层相互之间责权利不清晰，尚未形成合理的上下级权力架构。第二，官僚体制冗员太多，举凡高校、企业、社团都列入官员体系。中央、省、市、县、乡五级政府环节也过多，尤其市这一级有些多余。在扩大县域面积，实行普遍省管县的基础上，地级市这一级在将来可予取消。第三，如何对各级权力，尤其是一把手形成更为有效的监督制约机制还需进一步探索。

2018 年 7 月 27 日
中美模式的巨大差异

中美的冲突使中华民族现在又到了一个危险时刻！中美的冲突既表现在经济层面的贸易战，又表现在发展模式的巨大差异，更深层表现为两种不同文明的冲突。

中美双方立场、理念、文化不同，在发展模式、发展道路、意识形态上也存在根本差异。在经济上,美国坚持“美国模式”，即私人产权 + 自由市场的经济模式，中国坚持“中国模式”，即政府领导 + 国企主导的市场经济模式；在政治上，美国坚持“美国道路”，即自由民主 + 宪政法治道路，中国坚持“中国道路”，即中国共产党一党领导下的全国人民代表大会 + 政治协商制度；在意识形态上，美国是典型的资本主义，奉行个人主义、自由主义，中国坚持马列主义、毛泽东思想，强调国家大一统，稳定压倒一切。

中美两种模式、两种道路的分歧太大。随着中国的崛起，中美竞争将会加剧，双方将会进入“亚冷战”的全方位对抗状态。当前，我国急需明确改革发展方向，破解国内发展难题，推进民主法治，以民生民享经济促发展，激发民众创造能量，释放内生发展活力，整合思想分化，在解放思想中统一思想，最大程度凝聚共识。

2018年7月26日

引领民族复兴的马克思主义使命型政党[①]

习近平总书记在党的十九大报告中强调，使命呼唤担当，使命引领未来，中国共产党人要不忘初心，牢记使命。可以说，使命是党的十九大报告的一个关键词。习近平总书记指出：中国共产党人的使命就是为中华民族谋复兴。我们党一经成立，就把实现共产主义作为党的最高理想和最终目标，义无反顾地肩负起实现中华民族伟大复兴的历史使命。为了实现这一历史使命，无论是弱小还是强大，无论是顺境还是逆境，我们党都初心不改、矢志不渝，团结带领人民历经千难万险，付出巨大牺牲，敢于面对曲折，勇于修正错误，攻克了一个又一个看似不可攻克的难关，创造了一个又一个彪炳史册的人间奇迹。

党的十九大报告的以上论述清楚地表明中国共产党是一个典型的马克思主义使命型政党，其目标不拘于当下，追求不限于眼前，始终具有宏伟的理想蓝图和崇高的历史使命。所谓马克思主义使命型政党就是以马克思主义为指导，以对社会发展规律的认知与把握为前提，以人民至上为价值宗旨，以实现自身民族、国家的解放或发展为自觉使命，以推进世界大同、实

① 本文是我在《光明日报》发表的一篇短文。文章观点以前我就有论述，此文旨在进一步强调马克思主义使命型政党这一重要的分析角度与学术概念。中国共产党的初心是为人民谋幸福，使命是为民族谋复兴。当前，人民整体利益、根本利益和长远利益的集中表现就是中华民族伟大复兴的蓝图前景，中国梦的重要内涵之一就是人民幸福。当然，伟大复兴也不仅是一个远景目标，其也需要从现实做起，也需要关注民众的现实利益、具体利益与个体利益。换言之，民族复兴是一个现实运动过程与未来美好前景的辩证统一。使命基于初心、体现初心，初心溶于使命，实现于使命！

现共产主义和每一个人的自由全面发展为最终使命，具有强烈的历史主体意识与舍我其谁的责任担当情怀的一种政党类型。而实现中华民族的伟大复兴正是中国共产党作为一个民族国家的马克思主义政党所要担负的伟大历史使命。作为一个引领民族复兴的马克思主义使命型政党，中国共产党在九十七年的发展历程中沐风栉雨、砥砺前行，锻造与展现出与其使命担当相适应的鲜明特质。党的十九大报告对这些鲜明特质都有所涉及与论述。也正是基于这些鲜明特质，中国共产党才能团结带领全国人民朝着实现民族复兴的伟大梦想奋勇前进且成就辉煌。

第一，明确的使命意识。承担与实现使命是使命型政党的存在依据，使命型政党因使命而生，为使命而在。在标志着马克思主义诞生的《共产党宣言》中，马克思、恩格斯就强调共产党人要以消灭剥削压迫与私有制，建立共产主义的自由人联合体，以实现每个人的自由发展为最终使命。当然，在马克思主义政党发展史上，除最终使命外，政党使命随形势发展与实际条件也逐步被赋予了时代内涵与国别内涵。党的十九大报告指出，实现中华民族伟大复兴是近代以来中华民族最伟大的梦想。而中国共产党作为中国工人阶级的先锋队，作为中国人民和中华民族的先锋队，担负这一使命责无旁贷，这是历史的选择，也是人民的要求。新时代的中国共产党人对于这一伟大使命展现出更为明确的自觉意识与更为强烈的担当精神。党的十九大的主题就是强调为实现中国民族伟大复兴的中国梦不懈奋斗，整个十九大报告可以说就是实现民族复兴的行动纲领与战略谋划。

第二，自觉的把握规律。只有更好地认识世界，才能有效地改造世界；只有深入把握各方面的规律，才能切实认识、了解与实现历史使命。正是在这个意义上，马克思主义使命型政党特别强调对规律的自觉把握。对于马克思主义而言，唯物史观就是一种规律性认识，深刻揭示了人类社会的发展规律，科学社会主义则揭示了资本主义必然灭亡共产主义必然胜利的历史趋势。自马克思、恩格斯以来，经典作家与党的领袖一直都强调对社会发展规律包括具体领域规律的认识与把握。时至今日，我们党这种对规律的认识具有了典型的表述方式，即一般表述为深化了“对共产党执政规律、社会主义建设规律、人类社会发展规律”三大规律的认识。十九大报告对此也有明确论述。实际上，习近平新时代中国特色社会主义思想强调的“八个明确”和“十四条基本方略”就是对“新时代坚持和发展什么样的中国特色社会主义、怎样坚持和发展中国特色社会主义”这一重大时代课题的规律性认识，是对新时代如何推进中华民族伟大复兴的规律性认识。

第三，持续的理论创新。要实现使命必须了解规律，而规律是通过理论揭示的，所以马克思主义使命型政党尤其强调理论指导与理论创新，尤其重视思想建党。就如同恩格斯指出的：“我们党有个很大的优点，就是有一个新的、科学的世界观作为理论的基础。”时代是思想之母，实践是理论之源。实践发展永无止境，思想认识永无止境，理论创新永无止境。中国共产党一贯重视理论的指导与创新，尤其改革开放以来指导思想的与时俱进已经常态化。这种思想的发展创新与与时俱进使我们能够及时回应新的时代挑战和新的实践要求，为其他各方面创新提供明确的理论指导，为实现宏伟的目标使命提供有力的理论保障。党的十八大以来，我们党紧密结合新的时代条件和实践要求，进行艰辛理论探索，取得重大理论创新成果，形成了习近平新时代中国特色社会主义思想。习近平新时代中国特色社会主义思想作为马克思主义中国化的最新成果，是全党全国人民为实现中华民族伟大复兴而奋斗的行动指南，必须长期坚持并不断发展。

第四，有效的制度建设。小智治事，大智治制，制度问题带有根本性、全局性和长期性。对于承担宏大历史使命的中国共产党而言，必须高度重视制度建设并将其切实贯穿于党的其他各方面建设。如果说明确的使命意识和统一的理论指导解决的是全党“心往一处想”的问题，那么有效的制度建设很大程度上解决的则是全党“劲往一处使”的问题。习近平总书记也明确指出：“我们党要履行好执政兴国的重大历史使命、赢得具有许多新的历史特点的伟大斗争胜利、实现党和国家的长治久安，必须坚持依法治国与制度治党、依规治党统筹推进、一体建设。”尤其是民主集中制作为党的根本组织制度和领导制度，必须要有效落实并不断完善。民主调动全党的智慧、汇集共识，集中强调纪律、统一，集中力量办大事，这都是实现使命的必然要求。党的十九大也强调，要完善和落实民主集中制的各项制度，坚持民主基础上的集中和集中指导下的民主相结合，既充分发扬民主，又善于集中统一。

第五，鲜明的人民立场。人民群众是共产党实现历史使命的依靠力量，为人民谋幸福也是共产党的价值宗旨与初心使命。习近平新时代中国特色社会主义思想作为马克思主义中国化的最新成果，对中国共产党的人民立场作出了体现时代要求的创新性诠释，提出了以人民为中心的发展思想。党的十九大报告指出："坚持以人民为中心。人民是历史的创造者，是决定党和国家前途命运的根本力量。必须坚持人民主体地位，坚持立党为公、执政为民，践行全心全意为人民服务的根本宗旨，把党的群众路线贯彻到治国理政全部活动之中，把人民对美好生活的向往作为奋斗目标，依靠人民创造历史伟业。"民族复兴中国梦是人民的梦，必须紧紧依靠人民来实现，必须不断为人民造福。在新时代，在实现民族复兴伟大梦想的进程中，我们要自觉秉持人民立场、尊重人民主体地位、认真倾听人民声音、追求人民发展幸福、确立人民评价标准。

第六，高度的党性修养。要实现宏伟的历史使命就必须要攻坚克难，要攻坚克难党就必须具有战斗力，要具有战斗力每个党员就必须加强党性锻炼、增强党性修养，做到志虑忠纯、思想升华、信念执着、意志坚定。正是在这个意义上，从建党以来直到今天，我们党一直强调党性修养，强调党员的自律、自省、自觉。党的十九大也强调革命理想高于天，思想建设是党的基础性建设，要把坚定理想信念作为党的思想建设的首要任务，教育引导全党牢记党的宗旨，挺起共产党人的精神脊梁，解决好世界观、人生观、价值观这个"总开关"问题。

2018 年 7 月 25 日

邓小平同志的四句名言

在今天中国改革发展的关键时期，很有必要重温邓小平同志关于改革发展的深刻教诲，他的有些重要的观点具有恒久的指导意义，很多论述恰恰针对当前才更显示出它的重要意义。有四句话我体会最深刻。

一句话是：承认落后，就有希望。

一句话是：警惕“右”，主要是防止“左”。

一句话是：民主是解放思想的重要条件。

一句话是：要让老百姓从切身经验中感到社会主义制度的确值得爱。

2018年6月25日

权责利不清导致各种问题

多年以来，我国中央、地方与基层各自的责权利不清晰。正是因为责权利不清晰，十分模糊，所以往往导致地方与基层存在三种问题：或者乱作为（权力范围不清晰，很容易越出应有边界）；或者不作为（责任不清晰，几乎无限责任。怕做的越多，麻烦越多，责任问题越多）；或者选择性作为（给上级和领导看，按上级和领导要求谋取政绩）。

2018年5月29日

政治治理与传统的相似性

传统是难以摆脱的。即使到今天，我们的政治治理依然与传统社会有很多的相似之处。传统社会是典型的家国同构；今天我们依然强调家与国的类比关系，认为国是家的放大，从而使国家治理呈现出与传统社会相类似的家族伦理特点。传统社会强调民为邦本，以民为本；今天我们也强调要关爱于民、施惠于民，从而使我们今天的政治治理与传统社会一样呈现出比较明显的父爱主义色彩。传统社会强调经典；今天则强调经典与理论阐释。传统社会强调人格修养的内圣外王；今天我们则强调党员修养的内在纯洁性、先进性以及外在的担当精神。

当然，现在社会很多东西已经发生了变化，但有些东西还是与传统社会有一定相似性的。

2018年5月26日

两种不同的契约论

马克思主义使命型政党的理论逻辑确实不同于西方的资本主义政治理论。就契约论而言，按照马克思主义的理论逻辑，马克思主义使命型政党与民众的契约是一种道义性的“生死伦理”：共产党人把握规律、真心为民，努力奋斗乃至英勇牺牲，为人民而死死得其所，民众由此而真心支持拥护共产党。在这种契约中，共产党居于主动地位，民众处于相对被动地位。共产党不是由于民众事先授权而代表他们，而是由于对历史规律的把握、对人民利益的维护与追求和党理论与实践的先进性。

西方近代的契约论则与此不同。以洛克、霍布斯为代表的社会契约论都认为市民社会的民众是基于自保或者维护权利的考虑，以共识的形式授权给政治权力，民众授权在先，政治权力存在在后。

两种不同的契约论，耐人寻味，值得深入研究。

2018 年 5 月 24 日

改革的推进原则[①]

郑永年的文章提到的新时代体制内决策、执行、监督三权分立，是有道理的。

但也有三点认识需要澄清：第一，郑永年也认为新时代是从党的十八大开始的。尽管这在政治上似乎勉强说得通，也有官方学者这样讲，但在严格学术意义上说不通。因为新时代是以新的巨大成就与变革为基础，而党的十八大时还未曾有新的巨大成就与变化。这就好比一个人准备吃饭，当然不能说准备吃时就已经吃饱。从准备吃到开始吃再到吃饱是个过程，而不是一个点。我们是在一个过程中进入新时代。寻找某一个起点符合惯性思维，但不符合辨证法中的量变到质变规律。第二，郑永年讲到了党的十八大以后的中央集权，但要认识到，这种中央集权应该是选择性的集权，与这种选择性集权相适应的，还有选择性的向社会领域、经济领域放权、分权。这既是必须，也是应该。第三，郑永年讲到了党的十八大以后的党政一体化。实际上这仍然是一个有待探索的问题。党政完全分开当然不合适，但是过度的结合也肯定不合适，毕竟党政功能、性质不完

① 这是针对郑永年文章《“新时代”的中国改革逻辑》而作的评论。

全一样。

党的十八大到今天已经过去了将近六年时间。对这一段时间的改革，我们也需要进行反思。第一，目标任务时间不能太紧太急，改革发展内容不能太多太泛，否则官员压力太大、头绪太多、无所适从。改革发展内容太多，容易导致以会议落实会议，以文件落实文件，以讲话落实讲话，改革难以落实、陷入空转，应明确改革的重点与关键。第二，应明确地方与基层的自主探索空间与自主探索权限。中央的权力责任是什么？地方与基层的权力责任是什么？如果中央、地方、基层责权利不清晰，地方与基层就易造成权力有限但责任无限，从而使其压力过大，动力不够，不想作为、不能作为、不敢作为。就此而言，建立有效的激励机制与容错纠错机制，鼓励干部担当有为，不是仅仅发一个文件规定就能够解决了的，而是要努力构建中央、地方、基层、民众这种合理有效的整体关系架构，推进治理结构与治理体制的现代化。第三，应充分激发民众的主体地位。将民众的活力与创造性，民众的主体力量纳入改革的进程之中，而不是将民众置于旁观者的地位，完全依靠上面的强力驱动。这就要求进一步在各方面放权、赋权于民，激发民众对改革的参与意识。

现在的改革要向 20 世纪 80 年代的改革学习。20 世纪 80 年代的改革将中央、地方、基层与民众的热情、能动性都充分的激发，形成改革的强大合力，从而铸就了中国改革史上的黄金时期。改革开放 40 周年再来回顾改革的历史，有不少东西可以总结反思。

2018年5月9日

实事求是何以可能

不论是革命、建设，还是改革，都可以看到实事求是之难。实事求是说起来容易，做起来很难。原因大概有二：一是从纯粹理论出发导致实事求是很难。只要以一种理论为指导，不管理论本身如何先进、如何完整、如何科学，只要以之为出发点用来指导实践，在某种程度上就会存在僵化教条的可能。因为理论毕竟是理论，和现实不完全统一，理论是抽象的，现实是具体而复杂的，理论总是难以完全含括生动活泼的现实，何况理论本身也是复杂的，有些问题也未必完全能够讲清楚。一旦一种理论上升为意识形态，而被神圣化，就有僵化教条的可能。二是众所周知的，由于官本位导致实事求是很难实现。实事求是需要面对下面的真实情况，而上面的指示任务要求有时和下面具体情况是脱节的，但在官本位的体制下，下级官员与上级往往缺乏自主性而且不能不服从，这时就会导致脱离实际的现象。

真正实事求是的实现，有赖于一个有效的制度框架的确立。在这种制度体制下，权力、市场、社会关系架构明确合理，民主制度完善，中央、地方以及各级官员的责权利关系清晰，社会成员能够自主表达相关意见诉求，官员能够有效地回应地方实际与部门实际，既不必完全拘泥于理论，也不必唯上。

2018年5月6日

新时代改革的五大战略思路

北大举办的“世界马克思主义大会”发言结束，绝不超时。发言题目：新时代的巨大挑战与总书记的战略应对。我概括的五大战略应对思路，也是在微信中多次讲过的：反腐破局、明确思路、人事调整、树立威信、高压落实。

反腐破局：强力反腐，高层反腐，打开局面；明确思路：总体思路是“四个全面”战略布局，各个领域还有具体思路；人事调整：干净、忠诚、担当、可信；树立威信：核心意识、看齐意识；高压落实：这几年的重头戏。

2018年4月26日

与美竞争下中国应何为[①]

在这篇文章中，作者以阶段论的思维方式来看待美国对华政策，颇有新意。最初美国是想通过影响中国将中国纳入其主导的世界秩序，确保中国崛起的进程在美国的掌控之中，而现在美国认识到这已经无法实现。党的十八大以后，中国提出构建新型国际关系。现在美国的政策重点转向通过各种方式保持对华力量优势，维护、争取美国的实际利益，遏制中国崛起。

在今天的中美力量对比中，中国将在中长期处于弱势。在

① 此微信是阅读吴心伯文章《美国对华政策进入新阶段》有感而写。

竞争加剧、遏制与反遏制升级的背景下，中国力量和影响力上的结构性短板，如高新技术的自主开发能力和运筹亚太地区事务的能力等将会更加突出，而补齐这些结构性短板的紧迫性和严峻性将进一步增强。同时，中国要防止重演冷战时期美苏竞争模式，避免卷入与美国的军备竞赛，或热衷于出口自己的意识形态和发展模式，以免战略透支，力所不逮。

2018 年 4 月 13 日

中国共产党执政缘何具有强大的合法性[①]

合法性作为当代政治学中的一个重要概念，指的是一个政权能否获得政治共同体成员的认可及认可程度是多少。按照西方政治学的流行观点，选举是当代社会中国家政权获得合法性的主要机制，人民通过选举选出自己中意的政治人物进行国家治理。自主投票、自己选择，对于这一体制及体制内的政治人物，公民当然会予以认可。西方国家的政治体制在形式上就是如此运作的，西方国家也一直以选举合法性自我标榜并据此批评包括中国在内的其他所谓“非民主”国家。但是令西方批评者感到困惑不解的是，不论是国际的还是中国国内的调研机构通过调查都得出一致的结论：中国共产党的执政与中国的政治体制获得中国民众的高度认可与信任，且具有强大而稳固的合法性。当灰色的理论与确

① 本文修改版发表于 2018 年 4 月 13 日的《光明日报》，题目是《中国共产党执政的深厚根基》。“天熹识见”公众号与本人联系，将原稿以原题目全文推送。本文主要是反思西方选举合法性的理论范式，建构一个基于中国国情且带有一定普遍意义的合法性理论架构。

定的现实产生背反以后，需要改变的绝不是现实，而应是理论。换言之，西方的选举合法性理论本身存在巨大问题，对于中国共产党执政的合法性需要有更为深刻的认识，需要确立新的解释框架，而这也必将推动选举合法性问题研究的深化。

那么，中国共产党执政深厚的合法性基础究竟源自何处呢？

中国共产党执政的合法性来自其代表人民、全心全意为人民服务的自觉使命担当。在标志着马克思主义诞生的《共产党宣言》中，马克思、恩格斯就强调，共产党人没有任何同整个无产阶级的利益不同的利益，其所代表的就是无产阶级和广大劳动人民的利益，追求的就是每一个人的解放、自由与发展。

1956 年，邓小平同志在党的八大所作的《关于修改党的章程的报告》中深刻地指出了共产党服务于民的这种工具性使命："工人阶级的政党不是把人民群众当作自己的工具，而是自觉地认定自己是人民群众在特定的历史时期为完成特定的历史任务的一种工具。"党的十八大以来，习近平总书记也明确强调：人民对美好生活的向往，就是我们的奋斗目标。代表人民、把握规律、明确方向、为了人民，这是共产党的使命与存在依据，共产党就是为了这一使命而生，为了这一使命而在，而共产党人也以高度的自觉意识来承担使命、履行使命。就此而言，中国共产党是一个典型的马克思主义使命型政党。这种对使命的自觉承担是比形式的选举更为重要的合法性因素，因为选举的目的就是选出合适的政治人物来服务于民，而中国共产党就其自身性质而言就强调了这一价值使命。这种对使命的自觉认定与履行是由共产党的政党基因必然决定的，是共产党合法性的首要支撑。

中国共产党执政的合法性来自其深入人民、把握民意、汇集民智的路线与机制。群众路线是党的根本工作路线，也是党的生命线，其哲学基础是马克思主义辩证的实践认识论。毛泽东在《关于领导方法的若干问题》中指出："在我党的一切实际工作中，凡属正确的领导，必须是从群众中来，到群众中去。这就是说，将群众的意见（分散的无系统的意见）集中起来（经过研究，化为集中的系统的意见），又到群众中去作宣传解释，化为群众的意见，使群众坚持下去，见之于行动，并在群众行动中考验这些意见是否正确。然后再从群众中集中起来，再到群众中坚持下去。如此无限循环，一次比一次地更正确、更生动、更丰富。这就是马克思主义的认识论。"真正深入群众、倾听人民呼声、反映人民意愿，及时发现、总结、概括人民创造的新鲜经验，才能获得正确反映客观规律的真理性认识，才能制定出符合客观规律的科学决策，才能切实代表人民的根本利益、长远利益与整体利益，才能实现正确的领导。就此而言，群众路线很大程度上发挥了民主的功能与价值。尤应注意的是，人民是由不同群体、阶层、党派构成的，发扬群众路线就要求我们充分吸纳、整合各群体、阶层、党派的合理利益诉求。相比于西方形式化的选举民主，这实际上对执政者提出了更高的要求，因为西方的选举民主属于赢者通吃的零和博弈，而中国共产党所要实现的是人民各部分的协商共赢与共同发展。正是基于这一理念，中国共产党发展出了协商民主这一具有中国特色的民主机制。2014年在与美国前总统奥巴马的"瀛台对话"中，习近平总书记就指出："我们讲究的民主未必仅仅体现在'一人一票'直选上。我们在追求民意方面，不仅不比西方国家少，甚至还要更多。西方某个政党往往是某个阶层或某个方面的代表，而我们必须代表全体人民。为此，我们要有广泛的民主协商过程，而且要几上几下。”党的十九大报告也强调协商民主是我国社会主义民主政治的特有形式和独特优势。不论是群众路线还是协商民主，都不能简单地以西方选举民主的思维来认识和评价。只要不戴有色眼镜，就要实事求是地承认中国民主的巨大成就，承认基于这种民主成就的政治合法性。

中国共产党执政的合法性来自其把握历史趋势、顺应时代潮流、解决时代课题，为中国革命、建设与改革，为中华民族伟大复兴而努力的雄心壮志与宏图大略。马克思曾指出：“问题就是时代的口号，是它表现自己精神状态的最实际的呼声。”一个政权的合法性形式上来自于民众的认同，深层次上源于对历史趋势与时代潮流的正确把握，特别是对时代课题的有效回答，这是因为，历史趋势与时代潮流才真正体现了广大民众的意愿诉求，反映了人民的整体利益、根本利益与长远利益。一个政党如果无法顺应时代潮流、把握历史趋势、解决时代课题，就无法从根本上认识民众的长久利益并有效代表民众而有所作为，其执政当然也就无法具有持久稳固的合法性。在此意义上，合法性意味着合乎时代潮流与历史趋势。

中国共产党就是在中国人民谋求民族独立、人民解放和国家富强、人民幸福的伟大斗争中，在实现中华民族伟大复兴的历史进程中应运而生的，党在此方面也具有明确的自我意识。正如党的十九大报告指出的：“实现中华民族伟大复兴是近代以来中华民族最伟大的梦想。中国共产党一经成立，就把实现共产主义作为党的最高理想和最终目标，义无反顾肩负起实现中华民族伟大复兴的历史使命，团结带领人民进行了艰苦卓绝的斗争，谱写了气吞山河的壮丽史诗。”就此而言，中国共产党的领导与执政是历史的选择、时代的选择。

中国共产党执政的合法性来自其对历史规律的自觉认知与实践运用。历史趋势的把握与时代课题的解答最终要体现在对历史规律的认识与运用上。只有认识历史规律才能把握历史趋势，只有以历史规律为指导才能破解时代性难题。一个对历史与社会发展规律没有深刻认识的政党是无法有效领导与执政的，是不可能赢得民众的认可与拥护从而具有稳固的合法性基础的。致力于社会历史发展规律的探索是马克思主义的一大理论特质。在马克思墓前的讲话中，恩格斯就明确提到了马克思的两大发现：一个是揭示了人类社会发展规律的唯物史观；一个是揭示了现代资本主义生产方式和它所产生的资产阶级社会的特殊的运动规律的剩余价值理论。规律是可知的，方向是明确的，前途是光明的，按照规律而行为当然是充满希望而为人民所拥护的。中国共产党自成立以来，一直高度重视在马克思主义指导下对中国革命、建设与改革规律的自觉探索与努力把握，毛泽东思想与中国特色社会主义理论体系就是在这种探索中形成的既一脉相承又与时俱进的创新性理论成果。特别是党的十八大以来，围绕新时代坚持和发展什么样的中国特色社会主义、怎样坚持和发展中国特色社会主义等重大时代课题，我们党紧密结合新时代条件与实践要求，经过艰辛理论探索，形成了习近平新时代中国特色社会主义思想。习近平新时代中国特色社会主义思想以全新的视野深化了对共产党执政规律、社会主义建设规律、人类社会发展规律的认识，是中华民族伟大复兴的行动指南。

中国共产党执政的合法性来自于辉煌的发展成就与有效的治理能力。一个政权的合法性最终还是要依靠有效的治理。一个政党，即使通过形式化的普选上台执政，如果治理能力匮乏、治理效能低下，社会无法实现持续的发展进步，乃至国家问题从生、社会动荡、冲突频繁，其也将最终失去选民的支持，丧失自己的合法性，这种情况在当今世界上并不鲜见。与当今世界包括西方国家在内的很多国家治理赤字凸显的状况形成鲜明对比，改革开放以来中国发展取得了举世瞩目的辉煌成就，而中国的成功首先要归功于中国共产党的正确领导与有效治理。中国共产党具有明确而强烈的现代化使命感，稳步有序地推进改革开放，探索建立了既体现社会主义特征，又充分激发社会成员活力的市场经济，在融入世界大潮的过程中，努力保持自身的自主性，并且在实践探索与理论创新之间形成良性的互动。

党的十八届三中全会提出了全面推进国家治理现代化的重大课题，明确全面深化改革的总目标是完善和发展中国特色社会主义制度，推进国家治理体系和治理能力现代化。党的十九大又进一步提出要全面增强执政本领，包括学习本领、政治领导本领、改革创新本领、科学发展本领、依法执政本领、群众工作本领、狠抓落实本领、驾驭风险本领。不论是推进国家治理现代化，还是全面增强执政本领，都是我们党提升自身治理能力的重大思路举措。而基于辉煌的治理成就与明确的治理意识，我们就可以更为深刻地理解，为什么习近平总书记强调，中国共产党的领导是中国特色社会主义制度的最大优势。中国有了中国共产党执政，是中国、中国人民、中华民族的一大幸事。

以上五个方面的阐述表明，中国共产党的执政具有稳固和强大的合法性，而这一合法性决不能偏颇地用西方选举合法性的理论来分析，尽管我们也极为重视和推进选举的积极有序发展。对于政治的合法性而言，选举实际并非最重要、最根本的决定性因素。人们之所以认同一个执政党，归根结底是因为这一执政党能够秉持人民立场、反映人民意愿、顺应时代潮流、认知历史规律、积极有所作为、治理能力强大。以上这些才是合法性更为深层的支撑因素，而选举则是较为表面的因素，并且仅靠选举来判断合法性也比较单一化与片面化。由此就可以理解，为什么当今世界有些政体标榜民主选举，但最终支持率与认同度不高，今天西方国家的选举乱象、民主困境与治理赤字正是此类典型表现。从合法性角度讲，也可以说西方国家正面临着合法性赤字，而中国共产党执政的强大合法性表明必须打破选举合法性的旧范式，必须深化对合法性问题本身的认识，必须建构一种新的合法性理论，这是对中国特色哲学社会科学研究提出的一项重要任务。

2018 年 3 月 26 日

干部不作为如何解决

党的十九大报告提出，对领导干部要建立健全激励机制。这个理念非常好，但在制度上如何落实需要深入思考。我认为，要想在制度上建立健全激励机制，解决干部不作为的问题，有两个方面应该注意。

一是从制度上明确领导干部职务的权与责。领导干部的权力界定必须清晰。如果领导干部的权力范围没有明确规定，而是非常模糊，就容易导致问题：或者导致胆大的领导干部任意乱为，或者导致胆小的领导干部不敢作为。任意作为是因为权力规定很模糊，缺乏边界；不敢作为同样是因为权力规定很模糊，一旦出事，说不清楚，怕招致责任。权力的明确规定，对领导干部来说，既是一种约束，也是一种保护。约束就在于权力边界清晰，不能乱为，保护也在于权力边界清晰，其他力量不能强迫其去做权力范围之外的事情。领导干部责任的准确清晰界定也非常重要。责任明确规定的，他不能不去做，想不作为都不行。当然，责任的规定不能超过领导干部的承受限度，特别是现在压给基层领导干部的事务太多，责任太大，导致很多领导干部压力过大，动力不够。

二是决策程序的合理性、民主性、规范性、透明性非常重要。只要政策是在一定范围内领导班子集体通过的、广泛征求民众意见的、进行了专业咨询和论证的，即使出现失误，只要失误不是太大，也可以免责，失误大的也可以酌情减责。因为程序本身是公开透明规范的，决策的制定遵循了程序正义。

2018 年 3 月 15 日

党政关系如何看待[①]

郑永年在过去的文章与著作中，多次指出党政不分之弊端，

① 此微信是阅读郑永年文章:《本次修宪的合理性及其对中国政体的改变》有感而写。

政党行政化之忧，现在突然转向阐释党政合一的必要性，并指出这是20世纪90年代初就有的趋势，态度转变之快，观点之不自洽让人颇感惊讶！

党政合一在某些领域确有必要，因为我们党是执政党，但这种合一可以体现在制度上、政策上、人事任命上、机构整合上，而机构合署办公仅仅是合一之一种途径。如果仅仅关注机构组织这种狭义的合一，认识是不全面的。作为执政党当然需要与所执之政合一，但作为领导党是不能与政合一的。领导具有与执政不同的功能与要求。

此外，加强党的领导十分必要，但改革中应注意不能以弱化人民代表大会的地位为代价，而同时需要强化人民代表大会的地位与作用。因为人民代表大会是人民当家作主的权力机关，人民不断形成与发展的参与意识与权利意识必然逐步强化人民代表大会的自主性，这是一个必然趋势。而共产党从领导到执政的转换枢纽就在人民代表大会，正是通过人民代表大会，共产党才从一个领导党成为执政党。就此而言，强化人民代表大会的地位与作用是强化、优化党的领导的必然要求。如果人民代表大会作用发挥不好，就无法切实保证党的执政行为的有效性与规范性。

2018年3月15日

关于机构改革的两点认识①

对于这次机构改革，必须明确两点：

① 此微信是阅读文章《专家解读国务院机构改革：不再拘泥于“党政分开”》有感而写。

第一，由于功能整合，上层的机构改革确有必要。但如果没有中央、地方、市场、社会的整体性合理关系架构的确立，仅仅上层的改革效果会受到很大限制。比如，上层机构改革了、功能整合了，但地方与基层的责任不变，治理模式不变，与市场、社会依然关系不清，还是管得太多、责任太大，上层的改革就很难引发基层治理的变迁，改革效果就会打折扣。因此，党和国家机构的改革，只能是整体改革中的重要一环，需要放在中央与地方、权力与社会、权力与市场的整体关系架构中来思考。

第二，关于党政关系问题。应该看到，党政关系问题不能简单思维，不是分开或者合一的两极化选择。有些领域需要党政合一，有些领域仍然需要党政分开。因为共产党同时具有领导党和执政党的角色，而且党政的功能在某些领域也并不相同，这就决定了在某些领域党政要分开。现在好像强调党政合一成为一种趋势，但是也不要忘记邓小平同志在改革之初反复强调的党政分开。党政功能毕竟不完全同一。

2018年3月2日

对台四大战略[①]

对台四大战略：深化民间经济、文化、社会的交流与实质融合，增强吸引力，推进一体化；打击台独生存空间，但区分台湾的官方与民间，避免有些举措影响台湾民生民心，把政治与经济社会文化等领域适度切割；分化岛内政治势力，明确团

① 此微信是阅读新闻《大陆发31项惠台措施》，结合自己思考所写。

结谁、依靠谁、打击谁、培植谁的问题，推进促统力量的整合与发展，为日后对台湾地区治理打下基础；等待时机，善于抓住刺激性事件作为由头，适时启动统一的进程。

2017 年 12 月 21 日
群众路线预设的“施恩—感恩”心理模式[①]

此文章不错，指出了群众路线落实中的一些问题。

群众路线作为党的根本工作路线意义重大，十分重要。但如果群众路线执行不好，往往出现两种极端化的不良结果：一是干部缺乏自主性、能动性、积极性，不想深入群众、联系民众，或者仅仅是做形式；二是迫于压力，战战兢兢地刻意讨好群众、巴结群众，甚至迎合群众的不合理诉求。

进而言之，群众路线包含一种“施恩—感恩”的预期模式，也就是说群众路线预先设定了执政者施恩，民众感恩的这种心理期待。这种“施恩—感恩”心理一直以来是执政者的心理基础之一。但是在现代社会，强调一味地施恩有可能使执政者背负过重的道德负担，而且受惠者对于这种单方面的施恩是否全部都会感恩也是个问题。就此而言，对于群众路线必须在新的时代条件下予以审视。

除了这种“施恩—感恩”的行为模式，执政党与公民更应该建构明确彼此责权利的制度契约。在制度契约的规制下，双方的责、权、利都明确了。对主政者而言，确认与实现公民权

① 此微信是阅读网络文章《要当群众的学生，还要当群众的先生》有感而写。

利的要求非常明确，该干的事情非常清楚，道德负担减轻了；对领导干部而言，既不能逃避，更不必去刻意迎合民众了，因为清楚的规定使得他们既无可能，也无必要。

当然，以上都是理论分析，现实中要复杂得多。

2017年12月18日
对“两步走”战略安排还需清醒把握

党的十九大提出了新“两步走”的战略安排，即全面小康实现以后，分两个阶段在21世纪中叶实现我们的历史使命。第一个阶段：2020—2035年，基本实现社会主义现代化；第二个阶段，2035年到21世纪中叶，建成富强民主文明和谐美丽的社会主义现代化强国。阶段性的目标很明确，但十九大报告对这两个阶段各方面发展任务的表述都非常笼统，尚没有提出非常清晰具体的任务要求。

我认为，对于这新“两步走”的战略安排，还需要清醒认识。

第一，实现未来目标的相关改革决策的制定一定不能从理论出发，不能从理想出发。理论是逻辑，不是现实；理论是抽象的，现实是具体的；理论是一般的，现实是生动的，单纯依据理论未必完全能有效指导现实。理想很丰满，现实很骨感；理想是应然，现实是实然；理想是构想，现实却是极其复杂的，绝不能以理想套现实。改革决策的制定一定要从具体的实际出发。在这些方面，以往我们都是有教训的。

第二，对于目前尚不明确的各领域的具体改革任务，很多情况下要尽可能避免以数字指标的形式来要求。一旦把发展任务指标化、数字化，很容易造成形式主义、一刀切与运动式治理。即使有些领域必须有数字指标，指标的设定也必须科学合理，而不能拍脑袋决定。

第三，对于未来两阶段任务的实现来讲，必须要充分地尊重、发挥地方与部门的自主性。有些任务需要中央统一决定，而很多的任务需要地方、部门自主地推进改革。切忌自上到下的任务过多过细，一定要赋予地方、部门相应的自主权限、自主空间，切实建立健全激励机制和容错纠错机制，使其能够自由探索、自由创新。这对于新时代的改革至为重要。

第四，对于未来两阶段的改革决策来讲，一定要注重建立健全改革效果的及时、灵活反馈机制，要不断探索、不断试错、不断修正，即使有顶层设计，仍然需要“摸着石头过河”，因为现实发展有太多的不可测因素、偶然因素、未知因素，我们决不能夸大人的理性的力量。

2017 年 12 月 11 日
先锋队与工人阶级之间的张力

斯科特在《国家的视角》一书中得出了与我相同的研究结论：按照列宁主义的政党学说，作为先锋队的党与工人阶级之间存在巨大的断裂。

在该书的第五章，斯科特指出，按照列宁的逻辑，政党与工人阶级的关系，就像知识与蛮力、精细与混乱、管理者与工人、教师与学生、统治者与臣民、职业的与业余的、军队与乌合之众、科学家与外行之间的关系。

斯科特认为，按照列宁主义的观点，作为先锋队的党，被描述为完全自觉的、科学的社会主义者，与此相反，群众是不自觉的、前科学的，并经常处于接受资产阶级价值观的危险中。真正的、革命的阶级意识，永远不可能从工人阶级中自发产生。

斯科特认为，党与工人之间，在知识、影响和权力方面，存在等级结构。我个人也认为，我们过去强调先锋队与工人阶级的统一性，实际上两者间也存在特定的张力。

这本书内容丰富，非常值得一读。

2017 年 12 月 7 日

反思旧的治理机制①

看到这个急函，尽管很多人可能会发出“早知如此，何必当初”的感慨，但我们的反思不能止于此。

急进的心理与跃进的情绪是不是时至今日依然根深蒂固？“一刀切”的机械的工程性思维是不是总是适合于日益复杂的当代社会治理？自上而下确定任务，地方缺乏足够自主性，只能单纯落实，无法及时反馈的治理机制是否具有可持续性？公权力单方拍板，在某些领域的改革民众没有参与权与话语权，

① 此微信是阅读新闻《环保部发特急函：煤改气（电）未完工的继续沿用燃煤取暖》有感而写。

其成效如何保证？集中力量办大事，但是到底如何集中？

一句话，在新时代，旧的治理机制如何能够承载新的历史使命？

2017年11月22日

对科学社会主义的一种独特解读

我越来越觉得，科学社会主义理论诞生的最终根据并不在于马克思对无产阶级推翻资本主义、消灭阶级、实现人的解放与发展之历史使命的理论预设，而是《共产党宣言》中的这段话：在阶级斗争接近决战的时期，统治阶级内部的、整个旧社会内部的瓦解过程，就达到了非常强烈、非常尖锐的程度，甚至使得统治阶级中的一小部分人脱离统治阶级而归附于革命的阶级，即掌握着未来的阶级。所以，正像过去贵族中有一部分人转到了资产阶级方面一样，现在资产阶级中也有一部分人，特别是已经提高到从理论上认识到整个历史动力这一水平的一部分资产阶级思想家，转到无产阶级方面来了！

这段话往往被人们所忽视。实际上，这段话包含着整个科学社会主义诞生的奥秘。所谓转到无产阶级方面来的资产阶级思想家就是指马克思、恩格斯本人。无产阶级被认为是先进的，但奇怪的是他们本身并不能认识与了解历史发展规律，并不能认识到自身所承担的使命。这种规律是由转到无产阶级方面来的资产阶级思想家来揭示的，无产阶级的使命是由转到无产阶级方面来的资产阶级思想家来规定的。这些思想家把无产阶级视为实现自己理论抱负的选民。如果没有这种把握规律的资产阶级思想家，仅有无产阶级能否产生科学社会主义？答案是否定的。列宁已经说得很明确，仅靠无产阶级只能产生自发的工联主义，产生不了科学社会主义，科学社会主义思想只能靠从外部灌输才行。那么，真正的能动主体到底是这些转到无产阶级方面来的伟大的资产阶级思想家呢，还是无产阶级本身呢？从逻辑与实际来看，科学社会主义真正的枢纽与启动者是掌握了历史规律与立志按自己思想改造人类社会与历史的伟大布道者，而并非知识、能力都很贫乏的无产阶级。过去我们常常论述无产阶级与资产阶级的根本对立，实际上，科学社会主义运动内部思想精英与一般无产阶级的对立统一的关系也很值得研究。

2017 年 11 月 12 日

压力型体制的六大局限

昨天的政治学会上，重点谈了压力型体制的六大弊端。一是导致一定程度的系统性官民疏离（因为压力型体制下官僚体制对上负责，官员集中完成上面任务，往往没有足够精力谋划地方发展）；二是各级官员尤其是基层官员的夹缝处境（上面的任务不敢不完成，下面的民众诉求也不能不应对。老鼠钻风箱，两头受气）；三是导致不平衡的发展格局（尽管上面要求发展要协调、平衡、统筹，但下面往往选择显示度高的、容易为上级与外界关注的领域去推进建设，显示度不高、效果很难立即显现的领域发展动力不够。这就导致各领域发展不平衡、不协调）；四是治理资源往往浪费严重（对于任务与考核往往不计成本、不论代价、不顾后果去完成）；五是压力过大，往往导致官员动力不够，创新试错勇气消退；六是必然导致下级的包括造假在内的各种策略性应对，也就是我们一般讲的“上有政策，下有对策”。

从以上意义上讲，压力型体制的治理效能有其限度，必须要予以调适。在维护中央权威的同时，必须要进一步赋权给地方，让地方有更大的自主权与自主空间，有足够的时间与精力谋划本地的发展。必须推进公民的有序参与，让公民进行自主的利益表达，参与到地方与基层的治理中来，避免过多自上而下的任务部署与目标设定。概言之，构建一种中央、地方与公民三者合理的关系架构，这是治理现代化的必然要求。

必须认识到，随着现代化的不断实现，发展起来后的问题将会更多，甚至现代化实现后，新的更高阶段的问题也会不断出现。主要适应于现代化赶超阶段的压力型体制是否能够一直发挥强大的主导性支撑作用需要深入反思。随着向新的更高阶段的迈进，压力型体制的优势需要保留，调适也在所难免。

2017年11月8日
共产党人的使命认定

任何理论都有其无法再向前追溯的第一原理或理论基础，

整个理论体系都是建立于这个第一原理之上。科学社会主义的第一原理就是对共产党承担历史使命的设定。唯物史观不是科学社会主义的第一原理，因为如果没有共产党人，历史规律就缺乏自觉认识与践行的主体，历史的能动性就会大为匮乏。无产阶级的历史作用也不是科学社会主义的第一原理，因为如果没有共产党的领导，自发的工人阶级斗争只会导向工联主义与阶级妥协，绝不会导向革命与无产阶级专政。

共产党承担引领无产阶级迈向新社会的使命。共产党虽然被认定是无产阶级的先锋队，但实际上远远超于一般无产阶级之上。甚至可以说，先锋队与被代表者存在极大差异。在马克思和列宁那里，尽管认为无产阶级代表历史发展方向，但这种代表是混沌不明的，因为无产阶级本身又需要依靠先锋精英指明方向，否则无产阶级的运动无法从自发上升为自觉。从这个意义上讲，真正代表历史方向，揭示历史规律，拯救劳苦大众的是作为先锋的知识精英与政治精英。那么，先锋队为什么要承担这个使命呢？马克思为什么这样认识和规定呢？

这种对使命的自觉认识与承担极其伟大，体现了一种极其强烈的历史主体意识，体现了一种历史规律在握的极其强烈的救赎意识。这种少数精英的意识被等同于共产党的使命。

根本问题在于，在理论上穷根究底，为什么先锋队要承担这种使命？这种设定的依据到底何在？在这个问题上，熊彼特的观点似乎有一定道理。

2017年10月7日

制度治理与运动式治理的张力

党的十八届三中全会提出全面深化改革的总目标是完善和发展中国特色社会主义制度，推进国家治理体系和治理能力的现代化。就此而言，走向系统的制度之治是中国治理现代化的基本内容与必然要求，而明确的制度规范毫无疑问具有稳定性与恒长性。

但是要看到，在当前及未来的较长一段时间内，我们的治理固然在很大程度上需要稳定的制度，针对特定目标的运动式治理仍然是一个极为重要的维度。这在很大程度上是由使命型政党的内在要求所决定的。作为马克思主义使命型政党，必然需要面对未来确定目标与使命蓝图，并确定实现目标蓝图的时间表与路线图。而为了按照时间表完成相应的路线图，往往需要集中力量通过自上而下运动的方式予以推进。在这种情况下，政策治理与运动式治理就难以避免，不如此，就无法集中力量在特定时间内完成相应的任务目标。就此而言，按照使命型政党的内在特点与惯常的治理逻辑，通过政策的运动式治理将会长期存在。

通过全面的分析可以发现，这种运动式治理与治理体系的现代化之间既可能实现相互协调，又存在一定张力。运动式治理在一定程度上要求打破常规、打破套路，摆脱既有制度的约束。一定意义上，运动式治理是一种非制度化的治理方式，它往往需要打破制度的一般性、稳定性与刚性，它针对特定目标要求的是灵活性、时效性。其以完成特定目标为最大追求，制度本身并不是其主要关注的。

在推进治理现代化的过程中，必须认真思考和处理制度治理与运动式治理的张力关系。如何尽可能把通过政策的运动式治理涵括在制度的整体框架中，还需要进一步探索研究。

2017年10月5日

如何理解西式民主①

这篇文章耐人深思。全面看问题的话，个人认为有以下几点需要认识。

（1）尽管西式民主问题多多，但其几百年的民主发展仍有巨大历史贡献。如果没有民主的不断发展与体制内的不断纳入，西方社会早就在激烈的内耗与冲突中走向毁灭了。相比于中世纪的等级政治以及资本主义早期工人大众缺乏政治权利的状况，进步性还是要看到的。

（2）笼统地讲西方民主也不太合适，西方国家的民主模式也不是完全一致的，有的问题严重些，有的似乎没那么严重。

（3）言西方式民主崩溃还尚早。有些西方国家民主确实处在一个困难的时期，或者为了眼前的选票而导致缺乏制定长久政策的意愿与能力；或者政党之间为反对而反对导致政策难以更新与落地；或者因利益多元导致社会割裂；或者沦为庸俗的金钱政治。但是，这些问题是不是就说明其即将崩溃还不好说。

① 此微信是阅读文章《西方式民主崩溃元年》有感而写。

几百年的政治传统是不是还蕴含着调整与改革的能力呢？是否也会危机倒逼改革呢？对于处在十字路口的某些西方国家的民主状况还需要进一步观察。

（4）这篇文章有一种倾向，即把西方民主主要等同于选举民主。其实，民主的领域是多样化的，除了选举民主以外，还有参与民主、哈贝马斯意义上的话语民主以及各种自治民主。所以，要具体问题具体分析。

（5）这篇文章使我们认识到，民主不是万能的，要打破“凡是民主就是好的”的迷信认识。现代社会，没有民主是万万不行的，但民主也不是万能的，应该认识到民主的条件、限度与局限，尤其是要警惕民粹主义。

（6）要认识到现代社会，民主仅仅是要追求的价值理想之一。除民主以外，现代社会还要追求法治、公正、和谐、稳定、富足、文明、安全、幸福，等等。现代社会应有效地实现这些价值目标的平衡。这是民主的外在边界。

（7）现代社会，民主政治有效施行的一个重要条件就是民众与政治精英在作用与功能上的有机统一。单纯的民众，容易倒向民粹主义。这时候就要政治精英发挥制衡、规范与引导功能，除了代表民众的具体利益、部分利益与现实利益外，还要代表民众的根本利益、整体利益与长远利益。而这就要求执政党、国家与政治精英具有相当程度的自主性。中国共产党作为一个典型的马克思主义使命型政党在这方面堪称楷模。

（8）西方的民主是一面镜子。我们要在总结历史经验的基础上，更好对照这面镜子，解决好我们自己的问题，进一步发展与完善具有中国特色的民主政治制度。

2017年10月4日

社会主义政党的组织特点

米歇尔斯在《寡头统治铁律》这本书中有一个比较深刻的观点。他指出社会主义政党组织与军事组织极其相似，两者都强调政令的迅速传递与执行，强调严格的等级结构，强调严明的组织纪律，强调领袖的权威。我觉得米歇尔斯的该观点涉及了马克思主义使命型政党的一个基本特征，即我们所讲的民主集中制中集中的一面。

米歇尔斯认为这种政党组织与军事组织的相似性可以从社会主义者惯常使用的政治词汇中看出，他们的语汇大多取自军事科学。确实，联系我们的现实这一点看得比较清楚，比如我们现在强调伟大斗争、争取胜利，等等。这实际上也是一种军事化的用语。

米歇尔斯强调，社会主义政党所表现出的这一特点，“并非出于偶然，而在于社会主义政党组织和军事组织在组织理念上的内在亲和性”。这一观点值得我们深入思考。

2017年9月30日

要贤能人格，不要贤能政治[①]

我在阅读贝淡宁先生的大作时，也感到其书中似乎存在逻辑上的不自洽之处。我的观点是：要贤能人格，不能要贤能政

① 此微信是阅读黄玉顺文章《“贤能政治”批判》有感而写。

治。不论是中华传统文化，还是我们党的文化，都不乏对理想人格的论述与追求，这些都是我们的宝贵财富。但是，贤能人格必须放在现代民主法治的制度体系中才能更好发挥作用，脱离制度规范约束的贤能人格往往会造成严重的问题。没有制度有效规范约束的贤能政治实际上就是人治。

再说，很多贤者也不一定就像我们所认为的那么贤呢！很有领导干部上午还是贤的化身，一片歌颂之声，下午就沦为阶下囚，真面目令人震惊，一片谴责之声。这种表里不一的虚伪引人深思。这恰恰说明了现代民主法治的必要性，治理现代化的必要性。只有如此，方能克服一味强调、过度美化、过分依赖贤能的弊端。

我们要的是现代民主政治而不是贤能政治。贤能人格当然是我们需要且欢迎的，但是正如刚才强调的，其只有放在现在的治理框架下才能发挥适宜作用，使贤能人格与完善制度相得益彰。

2017年9月17日
共产党与人民群众的双重契约

共产党与人民群众之间实际上存在双重契约。一重是道义性的伦理契约：共产党基于历史发展规律和方向，代表人民利益，为人民解放与自由全面发展而奋斗牺牲。这是共产党的存在依据，是共产党的使命与天命。共产党作为使命型政党真心为此，老百姓拥护跟随，这种契约即达成。在这种契约中，共产党与人民群众是血肉关系、鱼水关系，一种家人般的亲情温情，这种契约具有浓厚的伦理性质与道义色彩。在这种契约的达成中，共产党居于主导地位、具有主动性，人民群众则具有被动性。从一定意义上讲，这种契约是共产党基于对使命的认知主动施加给人民群众的。这种契约对应的是共产党作为领导党的角色。既然是领导，必然是在先、积极、主动。这种道义性的伦理契约也是我们一般所熟悉和倡导的。

除这种道义性的伦理契约外，共产党与人民群众之间还存在一种明确的制度性契约，特别是共产党执政以后更是如此。共产党作为执政党进入国家政权体系，必须要明确自己在整个政治体系中的责权利，人民群众在整个政治体系中作为公民的责权利。一种稳定的执政状态，一种治理现代化的状态，都要求明确作为执政党的中国共产党与作为公民的人民之间的这种相互的责权利，在制度规范的层面予以明确。这种明确的制度性契约所对应的是共产党作为执政党的角色。

道义性的伦理契约对应作为领导党的角色，制度性契约对应作为执政党的角色，这两种契约同时存在。前者作为优良传统我们要继续发扬，后者则是治理现代化的必然要求。两者相互作用、内在支持，构成共产党与群众的双重契约。

2018 年 9 月 12 日

压力山大的公务员群体[①]

确实，现在的基层公务员队伍面临巨大的工作压力。解决

① 此微信是阅读网络文章《基层公务员已逐渐沦为高危的弱势群体》有感而写。

这一问题的关键是要在制度层面明确基层公务员的责、权、利是什么。现在基层公务员责、权、利在制度层面出现一定程度的不清晰、不明确。

在一个现代社会中，公务员与国家之间应该具有明确的契约，规定彼此的责权利。公务员的权力是什么、责任是什么、权利是什么？这些方面都需要尽可能规范化。这种国家与公务人员的契约体现在公务员法等相关法律法规中，而现在我们的相关法制还不够健全完善，已有的法制在很多方面也不能得到有效的落实。说明我们治理的现代化还需要进一步推进。

2017年9月1日

规律、规划、规矩：使命型政党关键词

规律、规划、规矩这“三规”是理解作为使命型政党的中国共产党的关键词。

中国共产党是典型的马克思主义使命型政党。其担负着双重使命：就民族国家来讲，实现民族独立、国家富强、人民幸福、中华民族的伟大复兴、中国特色社会主义的发展与繁荣；就世界历史来讲，助力于共产主义的实现与每一个人的自由全面发展。实现使命是马克思主义使命型政党的存在依据与历史合法性基础，马克思主义政党因使命而存在。没有了面向未来的使命，共产党就没有了存在的意义和价值。

要想实现与完成使命，马克思主义使命型政党首先必须掌握历史与社会的发展规律，所以，规律是马克思主义政

党的标志性词汇。直到今天，我们还习惯性地说深化了对某一领域规律的认识。正是在对历史规律的把握中马克思主义政党认识到自己能够担负与完成的使命，因为规律揭示了方向与趋势。不把握方向怎么能够领导呢！

把握规律以后呢？使命型政党要想完成使命还需要根据规律进行规划或者说顶层设计：使命如何完成，分几步完成，思路如何，等等。就此而言，规律以后就是规划。因为使命存在于未来，处于未完成状态，并且使命具有阶段性与时代性，所以使命型政党需要不停地面对未来做出规划，不规划怎么能够引领呢！始终在规划是使命型政党的存在状态。规律、规划，此为“双规”。

有了规划以后呢？要想实现使命，使命型政党还必须有规矩，即通过各种渠道、途径、方式实现对自己党员的有效教化、约束与规范。其目的是使全党“心往一处想，劲往一处使”，凝聚共识，汇集力量，攻坚克难，实现目标。规律、规划、规矩，此为“三规”。

规律揭示使命，规律设计路径，规矩锻造主体。规律、规划、规矩这“三规”内在逻辑关系非常清楚，对于理解作为使命型政党的中国共产党而言，非常重要，确实是关键词。

2017年8月12日

无棣县党建“淬火工程”颇有特色

回老家也不能放过宝贵的调研机会。没想到长期困惑我的一个问题在老家山东滨州得到了很大程度的解决。今天在滨州市无棣县实地调研了基层党建的共产党员“淬火工程”，让我对如何切实加强基层党组织建设，包括提高村级普通党员的素质有了新的认识。

无棣县党建“淬火工程”主要针对的就是基层党员干部与普通党员。按照工程部署，定期把基层党员干部包括乡镇党员干部、管理区党员干部、社区党员干部、村党员干部，以及普通党员集中进行军事化、封闭化培训，每期几十人。培训内容包括读原著、写分析报告、批评与自我批评、观看纪录片，等等，三五天时间让这些党员，特别是基层干部对党的基本知识、党员权利义务、如何进行“三会一课”等有切实了解。很多党员培训后表示很有帮助，提高了思想认识，坚定了理想信念，作为党员有了荣誉感和责任感。

我觉得这种针对基层党员的短期集中培训很有必要。这是因为，很多基层党员，特别是农村党员对基本党建知识匮乏得很，对党员的权利义务、党的组织生活原来并不了解，或者稀里糊涂，现在通过培训明白多了，知道怎么做了。

特别是无棣县的“淬火工程”已经延伸、下沉到乡镇层面。每一个乡镇都有党校，举办定期的短训班，效果非常明显，并且针对不同的培训对象，如机关党员与社会组织党员，培训内容也不完全一样。在调研中，一个乡镇党委书记说，近期要针对一个软弱涣散的村进行村党员的集中培训。

尊重地方与基层的首创精神是中国改革成功的一条基本经验，在全面深化改革的攻坚阶段，更应牢牢坚持这一点。

2017年8月2日

中国革命成功的必然与偶然

近日到甘肃哈达铺实地调研，感触颇深。在革命战争年代，中国共产党由小到大，由弱到强，经历长征等艰难困苦，一步步成长壮大，最终取得政权，可以说既有偶然性，也有必然性。

红一方面军在突破敌人围追堵截到达哈达铺后，本意取道新疆进入苏联边境，但毛主席在哈达铺的邮政代办所里偶然发现了一张《大公报》，上面有陕北红军活动的消息，刘志丹、徐海峰集结人马并建立了根据地。看到这一消息后，毛主席决定队伍向陕北进发，而这一决定也改变了中国革命的进程，影响巨大。所以哈达铺可以说是“一张报纸定乾坤”。实际上，仔细阅读党史，可以发现这种偶然事件相当多。

但是，中国革命的成功又有其必然性，那就是共产党扎实广泛的群众基础和极为有效的群众工作。红军到哈达铺以后，军纪严明，与百姓公买公卖，军民关系融洽，极得百姓拥护。读革命战争时期毛主席的著作，对于群众工作论述之细、之全面、之到位让人感慨。通过这次调研，结合我读《毛泽东文集》的体会，我真正明白了什么叫思想政治工作以及其对于党的极端重要性，这就是中国共产党远胜国民党的根本之点。

今天，新时代条件下的群众工作与思想政治工作该如何与时俱进，不断创新呢？

2017 年 7 月 28 日

与中国周边外交相关的四个概念①

这四篇文章中前两篇尤其不错，通过前两篇，我们可以概括出与中国周边外交相关的四个概念。

一是“新三个世界”。在当前的中国周边外交中，中、美各为一个世界，处于中美之间的中国周边国家是另外一个世界，这一世界中的国家都想在中美之间寻求平衡。即使现在与中国关系密切的俄罗斯与有矛盾的印度，只要有合适机会还是会努力搞平衡。在这种中美之间存在内在结构性矛盾的情况下，如何稳妥地构建与周边的关系，争取更多的支持至为重要。

二是“双轨思路”。对于与中国有矛盾的周边国家，要把具体的争议和总体外交区分开，尽量不让具体问题与争议影响双边关系，在双边关系的积极推进与交流协商中化解具体争议，避免因为具体争议影响整体性双边关系，看大局、看长远、看总体，小不忍则乱大谋。

三是“小国外交逻辑”。不能简单把周边小国外交视为大国外交的延伸，把小国的外交看作受大国支配的结果，要看到任何一个小国的外交都有其自主性，并且这往往是主要方面。要注重与周边小国相互的双边沟通，不能基于大国外交的思路来审视与小国的外交，简单视一国是大国的傀儡是有严重问题的。

四是“设置议程”。多年以来，中国周边外交具有被动性，往往是灭火式的，问题反应式的，缺乏主动性，缺乏主动设置

① 此微信是阅读系列文章《未来十至十五年的中国周边外交》有感而写。

议程的能力，容易被牵着鼻子走。所以，中国在周边外交中现在要学会设置议程，像党的十八大以后的亚投行、丝路基金、“一带一路”倡议就是主动设置议程的很好做法，尽可能占有话语权，抢占先机，主导引领。

总之，像第一篇文章中讲的：在未来的十至十五年，中国不应急于为取得世界性权力心动，不能给世人造成中国急于要取代美国的印象，不宜急于提出和主导所谓的“新全球化”。中国应尊重现行美国领导的国际体系和世界规则，逐步地谨慎地提出和改善其中的不合理部分。从长远的历史视角来看，中国与周边的若干争端问题，目前不宜急于求成处置，等中国更强大时再予解决，效果可能会更好。中国周边外交应有战略定力，不宜对超级大国的外部刺激做出过度反应，也不应对若干争端急于求成，避免对中国的战略全局定位冒进，防止战略透支，甚至自乱阵脚。

2017 年 7 月 1 日
梯度治党的策略

始终高度关注自身建设，强调管党治党，是中国共产党建党 96 年来的一贯特点。党的十八大以来，习近平总书记更是多次强调要全面从严治党，不仅理论上有新的阐述，实践中也有新的举措。

回顾与总结，梯度治党是习近平总书记全面从严治党的一个重要思路与明显特征：在对全党统一要求的基础上，针对党内不同群体与对象又有不尽相同的、区别化的治理策略。从普通党员到领导干部再到高级领导干部，品性要求愈益提高、制度要求愈益严明、责任要求愈益严格，从而呈现为在统一基础上各方面要求随党内职务与地位相伴上升的梯度化治党格局。这一梯度治党的战略，在我们党的建设历史上一直就有所探索，党的十八大以后则更为显性化。

习近平总书记在党的十八大以来的相关重要讲话中对这一治党思路多次强调："党风廉政建设，要从领导干部做起，领导干部首先要从中央领导做起。""这个文件制定后，咱们率先垂范，然后层层制定、提出要求，对省军级干部有些什么要求，对地师级干部有些什么要求，对县团级干部有些什么要求，要有个章法，一直往下制定。"十八届六中全会通过的《关于新形势下党内政治生活的若干准则》和《中国共产党党内监督条例》这两部党内法规更是鲜明体现了这种治党思路。

这种梯度化的治党思路，既是我们建党逻辑的必然要求，也是现实发展的形势使然。共产党是工人阶级优秀分子的集合，党员领导干部则是先锋队中的先锋，比之于普通党员，他们应该具有更高程度的先进性和纯洁性。至于高级领导干部，则是党员领导干部这一群体中的先锋，理想信念应该最为坚定、思想认识应该最为深刻、实践活动应该最能担当。换言之，从普通党员到领导干部再到高级领导干部，在信念品性与实践担当方面存在一个要求愈益提高与梯度上升的逻辑设定。

就现实形势而言，其一，中国共产党作为世界第一大党，党员将近 9000 万，考虑到党员人数的众多、党员构成的复杂、党员素质的参差，一种针对党内不同部分梯度化、区别化的治理思路就是应该考虑而且必须考虑的。其二，对于全面从严治党而言，党员领导干部特别是高级领导干部发挥着巨大的榜样示范作用。其三，不同于普通党员，领导干部特别是高级领导干部群体是不同层面改革思路的制定者、推动者、督促者与落实者，他们的素质品性、观念意识、能力水平，对于我们党进行具有新的历史特点的“伟大斗争”、推进党的建设的“伟大工程”、成就中国特色社会主义的“伟大事业”、实现“两个一百年”的“伟大目标”具有实质性影响。

这种日益明确与规范化的梯度战略对于中国共产党来说，无疑是一种从实际党情出发，具有可操作性的思路，也是马克思主义哲学讲重点、抓关键的辩证法在管党治党方面的具体运用。依照这种梯度治党战略，在对全党统一要求的基础上，对于领导干部特别是高级领导干部就应该有更为严格、更高的品性要求、纪律要求与责任要求。品性要求针对领导干部个人内在的德性信念，纪律要求针对外在的制度规范，责任要求针对更高职务所赋予的更大权力、所应履行的更大义务以及出现问题时的更严格惩戒。内在的德性信念、外在的制度规范、相应的义务惩戒，这三者相互结合、内在相关，构成一个较为系统的梯度治党的要求体系。习近平总书记的这一战略是我们在推进党的建设的“伟大工程”进程中应长期坚持的。

2017年6月21日

对“阴谋论”的批评[①]

在访谈中，阎学通明确批评了现在盛行的所谓“阴谋论”：用“阴谋论”解释国际关系和把一切归于“上天安排”的迷信是同一原理。其对国际关系研究的最大伤害就是阻碍研究的深入，放弃寻求科学依据和解释的努力。编个“阴谋”就能解释疑惑，这很省力，也不需要什么知识。有了杜撰阴谋的能力就什么科学研究方法都不用学了，因为这个方法可以解释所有一切。比较有把握地说，国际关系专业里善于用“阴谋论”分析问题的人，很少有学过统计分析的，很少有知道分析国际关系需要进行变量分析的。简言之，“阴谋论”盛行会使国际关系研究非知识化和非科学化。

2017年6月16日

重温邓小平同志的改革观[②]

改革开放以来，中国社会的发展先后经历了三个关键节点。

① 此微信是阅读文章《锐参考·对话｜阎学通：中国怎么可能用经济实力摆平一切？》有感而写。

② 愈发感到重温邓小平同志改革观的必要性。自邓小平同志以后，中国的改革开放取得了巨大成果，并且树立了改革开放的共识与认同，改革开放成为一个积极且褒义的词汇。对于改革开放的成果以及对其的认同，我称之为改革开放的巨大资产。但是，如果现实的问题长期得不到有效解决，治理模式无法实现进一步合理化调适，改革开放好不容易积淀形成的巨大资产就有被侵蚀与流失的危险。正如邓小平同志讲的：改革如逆水行舟，不进则退。

第一个关键节点是1978年党的十一届三中全会召开，我们党拨乱反正，重新确立了实事求是的思想路线，拉启了改革开放的大幕。第二个关键节点是1992年社会主义市场经济体制目标的确立，中国社会自此正式进入现代经济的发展轨道。当前，中国的现代化进程又逐步推进到一个新的瓶颈期和关键节点。我们现在正处于完善社会主义市场经济体制的关键时期，处于工业化与城镇化的关键时期，处于政治体制改革深化的关键时期，处于提高党的执政能力的关键时期，处于构建现代阶层结构的关键时期。从现代化的角度来说，就是从经济现代化开始转向有重点的全面现代化，由物的现代化转向人的现代化。党的十八大报告简洁而准确地称之为全面建成小康社会的决定性阶段。越是在这样的决定性阶段与关键节点，问题往往积压得越多、越严重。如果能够有效破除各种障碍，渡过这个节点，我们的现代化建设就会推进到一个新的更高的层次与水平。如果过不了这个节点，中国的现代化最后就不可能成功。在这样一个新的瓶颈期，在这样一个全面建成小康社会的决定性阶段，改革态度上的坚定、思路上的清醒、举措上的有力是极为必要的。也正由于此，今天重温邓小平同志关于改革的深刻思考，具有特殊的重要性。作为改革开放的总设计师，邓小平同志对于中国改革有着深刻的分析与精辟的认识，其改革观对于改革具有根本且长久的指导意义。

一、中国改革的推进必须以正确理解社会主义本质为前提

在理论上对于社会主义本质问题搞不清楚，或者从本本出

发，或者从主观设想出发，对于事物提前定性：这是社会主义的，那是资本主义的，条条框框太多。按照邓小平同志的思路，这样根本没有正确理解社会主义的本质。基于历史的经验教训，邓小平同志打破了将纯粹公有制和计划经济的制度结构视为社会主义本质的传统认识，指出社会主义本质是“解放生产力，发展生产力，消灭剥削，消除两极分化，最终达到共同富裕”，这也是社会主义应该具有的功能。所谓“猫论”实际上就是这种功能性本质观的形象说法。这样，对社会主义本质的理解就突破了具体经济结构的层面而深入到其功能的层面，即不再从结构着眼，而是从功能着眼，不是先定性，而是先重实效，是功能决定了对结构的选择与结构的变迁而不是相反，是结构服务于功能而不是相反。从功能而非主要从结构的角度看待社会主义的本质奠定了中国特色社会主义的根本思维逻辑，对中国特色社会主义的进一步发展产生了决定性影响。可以看到，无论是“三个代表”重要思想，还是以人为本的科学发展观以及习近平总书记所提的“中国梦”，其内涵实际上所遵循与延续的正是这种功能性的思维逻辑。在这个意义上，凡是能够实现社会主义功能的，凡是能够推动生产力发展与人的发展、幸福的，凡是能够推进中国现代化与民族复兴的，什么样的具体制度设计都可以采用。

正是依据这种功能主义的本质观，邓小平同志在“南方谈话”中深刻批判了那种漠视现实实践的发展要求，头脑中禁锢太多的传统思维，明确强调：“改革开放迈不开步子，不敢闯，说来说去就是怕资本主义的东西多了，走了资本主义道路。要害是姓‘资’还是姓‘社’的问题。判断的标准，应该主要看是否有利于发展社会主义社会的生产力，是否有利于增强社会主义国家的综合国力，是否有利于提高人民的生活水平。”“现在，有‘右’的东西影响我们，也有‘左’的东西影响我们，但根深蒂固的还是‘左’的东西。有些理论家、政治家，拿大帽子吓唬人的，不是‘右’，而是‘左’。‘左’带有革命的色彩，好像越‘左’越革命，‘左’的东西在我们党的历史上可怕呀！一个好好的东西，一下子被他搞掉了。‘右’可以葬送社会主义，‘左’也可以葬送社会主义。中国要警惕‘右’，但主要是防止‘左’。”针对当时关于证券、股市的争议，邓小平同志指出，“证券、股市，这些东西究竟好不好，有没有危险，是不是资本主义独有的东西，社会主义能不能用？允许看，但要坚决地试。看对了，搞一两年对了，放开；错了，纠正，关了就是了。关，也可以快关，也可以慢关，也可以留一点尾巴。怕什么，坚持这种态度就不要紧，就不会犯大错误。”看看现在证券、股市在中国的发展，我们未免感喟，在以后的发展中成为常识的观念在过去却往往被视为异端。特别是回顾一下20世纪90年代以来姓社姓资、姓公姓私的争论，不过20年左右的时间，真令人思考良多！

只有明确功能性的社会主义本质观，才有可能真正解放思想，从实际出发，干实事、求实效。“只有思想解放了，我们才能正确地以马列主义、毛泽东思想为指导，解决过去遗留的问题，解决新出现的一系列问题，正确地改革同生产力迅速发展不相适应的生产关系和上层建筑，根据我国的实际情况，确定实现四个现代化的具体道路、方针、方法和措施。”

二、改革要树立辩证的稳定观念与理性的风险意识，敢闯敢试

改革与发展必须有一个稳定的环境是邓小平同志的一贯主张,但邓小平同志并没有把稳定绝对化。他多次指出:“强调稳是对的，但强调得过分就可能丧失时机……总结经验，稳这个字是需要的，但并不能解决一切问题。以后还用不用这个字？还得用。什么时候用，如何用，这要具体分析。但不能只是一个稳字。特别要注意，根本的一条是改革开放不能丢。”“要注意经济稳定、协调地发展，但稳定和协调也是相对的，不是绝对的。发展才是硬道理。这个问题要搞清楚。如果分析不当，造成误解，就会变得谨小慎微，不敢解放思想，不敢放开手脚，结果是丧失时机，犹如逆水行舟，不进则退。”虽然邓小平同志主要是就经济发展而谈稳定问题，但他关于稳定的认识实际上具有普遍的改革方法论意义：不能过分地追求稳定，将稳定问题泛化与绝对化，稳定最终服务于改革与发展。

邓小平为什么特别指出稳定是相对的，不能将稳定强调得过分？这是因为，过分的求稳思维会影响到改革的切实推进。第一，过分的求稳会导致将稳定问题泛化与绝对化，进而容易导致对各种矛盾的消极应对，似乎稳定就意味着矛盾的取消。改革必然产生各种矛盾。实际上，矛盾的存在是任何事物与过程的正常状态，和谐与稳定并不否认矛盾，而是以承认矛盾为前提，和谐实质上是最有利于发展的矛盾状态，是矛盾双方的最佳关系状态。因此，一个社会有矛盾不可怕，

关键是及时有效地建构协调与解决矛盾的长效制度机制。第二，在过度的求稳思维支配下，任何稍具风险的改革措施就有可能被延滞或不被采用，因为原有体制的任何改变都可能意味着新的不稳定因素的产生。这就有可能使得一些本应该改革的东西推迟改革，应该突破的东西没有突破或很少突破。针对于此，邓小平同志在南巡讲话中早就强调过："改革开放胆子要大一些，敢于试验，不能像小脚女人一样。看准了的，就大胆地试，大胆地闯……一开始就自以为是，认为百分之百正确，没那么回事，我就从来没有那么认为。每年领导层都要总结经验，对的就坚持，不对的赶快改，新问题出来抓紧解决。"确实，只有破除过度求稳的意识障碍，具有敢闯、敢试的精神，才有可能除旧布新，走出一条新路与好路。特别是在全面建成小康社会的决定性阶段，面对各种难题与挑战，辩证稳定观念与理性风险意识的树立更为必要。第三，过分的求稳思维将会导致改革发展机遇的丧失。邓小平同志特别强调改革发展要抓住时机。"要抓机会，现在就是好机会。我就担心丧失机会。不抓呀，看到的机会就丢掉了，时间一晃就过去了。"在固化的求稳思维之下，风险稍大的做法就可能不会被尝试，改革的探索就有可能趋于保守，然而谨小慎微的做法往往会使改革机遇在犹豫不决、瞻前顾后之际丧失。而一味拖延、贻误机遇的后果就是使难题解决的条件越来越不具备，解决问题所付出的代价与成本越来越高。从这个意义上，在准确判断形势的基础上，看准时机，大胆出台有力举措，是深化改革的必要条件。

三、改革的进程是逆水行舟，不进则退

如上所述，邓小平同志在论述经济稳定发展时，已经强调过经济的发展如逆水行舟、不进则退。实际上，这也是邓小平同志对于整个改革性质与进程的一种认识与判断。“中国正在深化改革，为今后的发展创造更好的条件。我们不仅着眼于本世纪，更多的是着眼于下一个世纪。现在面临的问题是，不进则退，退是没有出路的。只有深化改革，而且是综合性的改革，才能够保证本世纪内达到小康水平，而且在下个世纪更好地前进。”“逆水行舟，不进则退”的判断表明，如果缺乏有力举措或者难以深化，改革不仅无法取得更大更辉煌的成就，而且既有的成果也难以保障，会被侵蚀或损耗。换言之，改革的成果守是守不住的，改革想原地踏步都不可能。对于任何真正的改革而言，形式上的止步不前实际上意味着原有成果的分割与损耗。这是任何改革都具有的性质与特点。就此而言，改革要想最终成功，没有退路，只有深入推进这一条路。

在这样一个改革亟须突破也极有可能突破的关键阶段，重温邓小平同志的改革观，确立对社会主义本质的功能性理解，树立辩证的稳定思维与科学、理性的风险意识，明确改革不进则退的特点，有利于我们在改革中切实解放思想、打破条条框框，从实践内在要求出发，把握时机，出台有力措施，积极推动改革的深化。对于当前的中国改革而言，关键的不仅是智慧，更是决心、勇气和责任。

2017年6月14日

中国改革永远绕不开“南方谈话”[①]

88岁高龄的邓小平，其“南方谈话”思想毫不保守，非常开放。我感觉，关于中国改革的争论可能要一次又一次地回到邓小平同志，回到那著名的“南方谈话”，这绝对是绕不过的。

老人家的话非常具有针对性：“我告诉你们，你们别被那些假马列主义者用本本吓唬住了，我邓小平就没有读过多少书，没读过多少大部头。读过《共产党宣言》，读过《联共（布）简史》，但是我掌握它们的实质，毛主席说要实事求是。你们查一查，我们三中全会以来制定的一切方针政策，有哪一条是从马克思、列宁、毛主席书上抄来的，没有！查一查哪一条是违反马列主义、毛泽东思想的，没有！我们是按照马列主义和毛泽东思想结合中国的实际来制定的。”

“有些理论家、政治家，拿大帽子吓唬人的，不是‘右’，而是‘左’。‘左’带有革命色彩，好像越‘左’越革命。‘左’的东西在我们党历史上可怕呀……中国要警惕‘右’，但主要是防止‘左’……把改革开放说成是引进和发展资本主义，认为“和平演变”的主要危险来自经济领域，这些就是‘左’。”

---

① 此微信是阅读文章《陈开枝：邓小平对我说，那些人真是放屁！》有感而写。

2017年5月23日 党内"圈子文化"必须解决①

之所以掀翻周永康需要自下而上、由外而内的外围战，就是因为围绕周永康形成了"山头""派系"与"圈子"，人马众多，问题解决颇有难度，所以需要注意策略与方法。

对于党内的"山头""派系""圈子"问题，习近平总书记明确指出："需要注意的是，不能把党组织等同于领导干部个人，对党尽忠不是对领导干部个人尽忠，党内不能搞人身依附关系。干部都是党的干部，不是哪个人的家臣。有的干部信奉拉帮结派的'圈子文化'，整天琢磨拉关系、找门路，分析某某是谁的人，某某是谁提拔的，该同谁搞搞关系、套套近乎，看看能抱上谁的大腿。有的领导干部喜欢当家长式的人物，希望别人都唯命是从，认为对自己百依百顺的就是好干部，而对别人、对群众怎么样可以不闻不问，弄得党内生活很不正常。"邓小平同志早就说过："上级对下级不能颐指气使，尤其不能让下级办违反党章国法的事情；下级也不应当对上级阿谀奉承，无原则地服从、'尽忠'。不应当把上下级之间的关系搞成毛泽东同志多次批评过的猫鼠关系，搞成旧社会那种君臣父子关系或帮派关系。"

这种圈子与派系的形成、存在根源于上级对下级政治命运的主宰，下级对上级政治生命的依附，根源于权力的独断性、

① 此微信是阅读人民日报文章《【揭秘】中纪委掀翻周永康的"五大外围战"》有感而写。

任意性，根源于权力的庇护与各级官僚之间彼此的利益交换。

腐败与派系是执政党长期以来所面临的两个最大威胁，两者都表明了权力的失控。一定要深刻认识到，圈子与派系的危害一点也不亚于腐败。腐败相对明显，其治理有高度共识；圈子、派系相对内隐，其治理更费周折。

推进党内民主，规范权力运行，合理化选任机制与授权机制，对于问题的解决尤为重要！

2017 年 5 月 19 日

压力型体制的问题必须反思①

这个抽样调研结果印证了学界长期以来的一个共识：地方与基层政府把大量乃至大部分精力用在了应付上面的繁重任务上，根本没有足够的精力与资源考虑基层的有效发展！

此文的调查结果显示，局处级干部“花费精力最多的事”，主要集中在“完成上级布置的各项任务”上（人次占比 48.01%），其次是“处理日常事务”(37.31%) 以及“协调各种关系”(34.86%)，将主要精力花在“思考发展与创新问题”上的仅占 17.74%。

这是中国治理模式的一个老问题，即主要对上负责，上级确定任务并层层下压要求下级解决。这不得不造成地方与基层压力过大，自主性不够，动力不够，缺乏足够的资源与精力谋

① 此微信是阅读万书玉文章《当前党政领导干部心理状况分析与思考——基于 327 名局处级干部的抽样》有感而写。

划地方与基层的发展。而且，这种治理模式也催生了地方与基层“下有对策”的各种不得已的应对策略。严格地讲，这种模式是存在严重弊端的，治理效能也是有限度的。基于此，推进中央、地方与基层关系的合理化，合理划分其责权利，给予地方充分的自主权，同时推动公民对于地方与基层治理的有效参与，形成对于地方与基层权力的有效制约，是中国治理模式现代化的必然趋势。

2017 年 4 月 24 日

如何避免权力过分集中的弊端①

在这篇文章中，作者提出：“我们现在全面推进依法治国，就是既要坚持民主集中制，发挥基于民主集中制而产生的能够集中力量办大事的独特政治优势，同时又要注意运用这一优势的范围，从体制机制上再把我们政治体制当中防错纠错的法治短板补上去。如果我们的政治体制既能办大事，又能防大错，那就超越了西方不易出大事、也不易做大事的分权制衡制，成为世界上最好的政治体制。”

实际上，把防错纠错的法治短板补上去仅仅是问题的一个角度。避免权力过分集中导致严重问题有两个前提条件：一是系统的制度建设，包括民主与法治。广泛的党内民主与社会民主可以对集中化的权力构成有效制约，如果民主不彰，集中的

① 此微信是阅读郝铁川文章《既能办大事又能防大错，我们就会有最好的政治体制》有感而写。

弊端很难克服，负面影响将可能急遽放大。法治明确公权力的责权利以及公民的权利义务，保证权力规范、透明，按程序运行，限制权力的任性与恣意。归根结底，像邓小平同志说的，制度问题更带有根本性、全局性、长期性、稳定性。二是社会力量的不断发育壮大，能够形成对公权力的有效监督、规范。社会本身不发育不壮大，无法发出自己的声音或声音微弱，缺乏抵制能力，一旦权力集中出现问题，则缺乏有效的制约力量。毫无力量的社会是权力过分集中出现大问题的现实土壤。

2017 年 4 月 22 日

党的先进性今天如何体现

最近常考虑党的先进性问题，晚上与朋友聊天也谈及这一问题。

在逻辑上是不是存在这样一个问题：如果过分强调先进性，对党员干部提出诸多先进性的要求，要求党员干部对群众必须如何如何服务，必须如何如何为民，这种自上而下刻意的恩惠群众有时可能会因客观需要而十分认同，但有时可能并不是十分认同。因为在很多情况下，诸多好处并不是群众主动需要的，而党员干部处于主动施惠者的地位，老百姓处于被动受惠者的地位，党组织主动给予的。这样在民众中可能就会产生这样一种心态：又不是我自己要的，是你上赶着给的，我感激也可以，不感激也不算过分。不断地给予更是养成了某些人“等靠要”的心态：反正上级要求你为我服务，你不敢不为我服务，你干活我旁观，你也没办法。这种始料不及的后果将不少党员干部置于一种尴尬的位置上：上级任务不得不执行，有的老百姓却不买账、不感激。这种情况即使不普遍也要引起反思和注意。一定要认识到，单纯依靠自上而下恩惠式的给予尽管有其效果，但有时并不能解决问题。传统的党群认知与定位也需要根据时代变化与形势发展予以调适。

问题的关键在于，要从制度上明确国家与公民的责权利，通过一种明确、规范而普遍的契约关系规定公权力对公民的行为，让老百姓知道哪些是国家对自己应负的责任，哪些是自己对国家应尽的义务。国家给予公民的资源要通过公民权利的形式来体现，这样公民可预期，也不会产生消极心态。

概言之，执政党的先进性要保持，但这种先进性未必体现在直接利益的给予上，而是应体现在对公民权利的及时确认、有力保障与有效救济上。换言之，体现在明确规范的制度建设上。

2017 年 4 月 19 日

全面深化改革阶段的领导核心[①]

党的十八届六中全会是在中国改革发展关键阶段召开的一

① 本文原文发表于《江西社会科学》2017 年第 1 期，“天熹策论”微信公众号于 2017 年 4 月 19 日予以发表。针对如何理解党的十八届六中全会提出的习近平同志的党内领导核心地位，本文从七个方面进行了较为系统的梳理与阐释：作为一个先进的使命型政党，中国共产党的组织原则要求树立一个强有力的领导核心；全面深化改革的艰巨复杂形势迫切需要执政党树立一个强有力的领导核心；确立核心权威有利于推动改革决策落实；明确核心意味着中国最顶层权力架构的合理化调整；确立核心并不意味着过度集权；党的十八大以来四年多时间的治国理政充分显现了习近平同志作为全党领导核心的能力；作为领导核心意味着更大的责任，更重的担当。

次十分重要的会议。会议的重要性不仅仅体现在审议通过了《关于新形势下党内政治生活的若干准则》(以下简称《准则》)和《中国共产党党内监督条例》(以下简称《条例》)这两部重要的党内法规，尤其体现在明确了习近平同志在党内的领导核心地位，正式使用了“习近平同志为核心的党中央”这一提法。明确习近平同志在党内的领导核心地位，是这次全会最为重大、最有意义的政治成果，对中国改革发展必将产生极为深刻而长远的影响。习近平同志在党的十八届六中全会上关于《准则》《条例》的说明中也强调：“大家一致认为，坚持党中央集中统一领导，确立和维护党的领导核心，是全党全国各族人民的共同愿望，是推进全面从严治党、提高党的创造力凝聚力战斗力的迫切要求，是保持党和国家事业发展正确方向的根本保证。”基于此，在全面深化改革的语境下，迫切需要从理论和现实相结合的角度，对这一问题予以深入而系统的理解把握。本文试从以下七个方面对此进行阐释，并求教于学界同仁。

其一，作为一个先进的使命型政党，中国共产党的组织原则要求树立一个强有力的领导核心。

中国共产党作为一个马克思主义政党，本质上是一个先进的使命型政党。按照马克思主义政党的建党逻辑，所谓先进，有以下六层含义：一是指工人阶级相比于小农、小手工业者、资产阶级等具有代表历史发展方向的阶级先进性。二是指共产党员作为工人阶级先进分子的集合，在思想认识、能力水平与道德觉悟上应该比一般工人与其他群众先进。比如，中国共产党是中国工人阶级的先锋队，同时也是中国人民和中华民族的先锋队。三是指党员中的领导干部在思想认识、能力水平与道德觉悟上应该比普通党员先进。领导干部作为先锋队中的先锋，比之于普通党员，他们应该具有更高程度的先进性和纯洁性。四是指党员干部中的高级干部在思想认识、能力水平与道德觉悟上应该比一般领导干部先进。五是指在党的高级领导干部中，党的领袖比其他高级领导干部在思想认识、能力水平与道德觉悟应该更为先进。六是指在党的领袖中，党的最高领袖应该最为先进：理想信念应该最为坚定、思想认识应该最为深刻、实践活动应该最能担当。换言之，就马克思主义建党逻辑而言，从其他阶级到工人阶级、从一般工人到共产党员、从普通党员到领导干部、从普通干部到高级干部、从高级干部到党的领袖、从党的诸多领袖再到党的最高领袖，存在一个在认知、德性、能力、素质等方面自下而上层层提升与递进的逻辑设定。按照这一逻辑预设，党的最高领袖自然居于金字塔的顶端，具有最高的权威。正因如此，马克思主义政党一直强调领导干部，特别是高级领导干部，尤其是党的领袖的高度榜样示范作用。

按照马克思主义政党的建党逻辑，所谓使命型政党，是指共产党区别于仅仅着眼于选民现实诉求的某些西方政党，其考虑的不仅仅是当下的事情、现实的问题，而且是要在把握历史规律的基础上，以一种强烈的历史主体意识与舍我其谁的责任担当情怀去实现宏伟的目标蓝图与长远的历史使命，持续推进人的解放、发展与幸福。当然，从一般意义上讲，任何政党都有其使命，但马克思主义政党尤其强调理想之崇高、意志之坚定、蓝图之宏大、使命之长远。任何以马克思主义为指导的政党莫不如此。比如今天的中国共产党，最终的高远理想是实现共产主义，近期的宏大愿景则是实现“两个一百年”的壮阔目标。蓝图宏伟，而现实往往问题多多、形势复杂严峻，任务艰巨。在这种情况下，马克思主义政党必然会强调纪律的严明规范和组织的集中统一，以保持自身完成使命的能力。民主集中制的政党组织原则实际上就反映了这一要求。“集中制的第一个制度安排是，一旦党形成了统一的决定，所有党组织和每个党员都要无条件服从并努力付诸实施……集中制第二个方面的制度安排与‘核心’相关……核心的含义是，在党的最高决策层不能够就重大问题做出统一决定的情况下，由党内授权的总负责人做出最终决定并成为全党意志……在这种情况下由‘核心’做出最终决定，方能使得在重大问题上或在重大关头，党依然能够保持统一行动能力。”[①] 这种“最终决定权”实际上表明的就是最高领袖在党内的领导核心地位。

马克思主义政党的先进性在理论上预设了党的最高领袖在认知、德性、能力与素质等各方面居于最高之点，最为先进，马克思主义政党的使命型特点在现实中决定了党的民主集中制的根本组织原则，特别是党中央的权威与党的总负责人的最终决定作用。理论上有预设，现实中有必要，党的总负责人自然成为全党具有最高权威的领导核心。这一点与马克思主义的群众史观并不矛盾，马克思主义尽管承认人民群众是历史的创造者，但同时也承认伟大人物的显著历史作用。正如邓小平在谈到毛泽东时强调的：“集体领导并不排除某一个主要领导人的特殊作用，毛主席就是这样突出的典型。”[②]

① 房宁：“政治核心是党的民主集中制的重要表现”，载《经济导刊》2016 年第 12 期。

② 中共中央文献研究室：《邓小平思想年编》，中央文献出版社 2011 年版，第 303 页。

其二，全面深化改革的艰巨复杂形势迫切需要执政党树立一个强有力的领导核心。

纵观我们党的历史可以看到，真正的领导核心都是我们党在应对重大危机与挑战的过程中产生的，严峻复杂的形势和棘手难解的问题迫切需要一个强有力的领导核心来明确思路、凝聚力量、汇集共识，以力挽狂澜、化危为机，通过艰辛的努力开创党之伟大事业的新局面。对于这种核心权威的必要性，恩格斯曾以在风高浪急之大海上的航行做过形象比喻。“最能最清楚地说明需要权威，而且是需要专断的权威，要算是在汪洋大海上航行的船了。那里，在危机关头，大家的生命能否得救，就要看所有的人能否立即绝对服从一个人的意志。”[①] 这一观点在我们党的历史上得到了很好的印证。中国共产党在 1921 年成立后即致力于民族独立与人民解放的伟大革命事业，但是由于教条主义与机会主义等的影响，革命道路的探索艰辛而波折。可以说，直到确立了毛泽东在党内的领导核心地位，我们才真正找到一条适合中国国情的革命道路，即以农村包围城市，武装夺取政权，实现马克思主义中国化的第一次历史性飞跃，探索形成毛泽东思想，并最终取得革命战争的胜利，建立了一个独立的现代民族国家。

实际上，邓小平本人也是这样由时势造就的伟大历史人物。十年“文化大革命”以后，百废待兴，逐渐形成的以邓小平同志为核心的中央领导集体解放思想、拨乱反正，果断停止了以阶级斗争为纲的错误路线，把全党工作重心转移到经济建

---

① 《马克思恩格斯文集》第 3 卷，人民出版社 2009 年版，第 337 页。

设上来，做出了改革开放的伟大决策，开辟了中国特色社会主义，实现了党的历史上具有深远意义的伟大转折。正如习近平总书记高度评价的："如果没有邓小平同志，中国人民就不可能有今天的新生活，中国就不可能有今天改革开放的新局面和社会主义现代化的光明前景。"邓小平本人不仅作为改革开放的"总设计师"立下万世不朽之功勋，历经革命、建设、改革各个时期，而且对于领导核心在应对复杂危机、化解严峻挑战过程中的重大作用认识与体会也相当深刻。"任何一个领导集体都要有一个核心，没有核心的领导集体是靠不住的。第一代领导集体的核心是毛主席。因为有毛主席作为领导核心，'文化大革命'就没有把共产党打倒。第二代实际上我是核心。因为有这个核心，即使发生了两个领导人的变动，都没有影响我们党的领导，党的领导始终是稳定的。"①

自以邓小平同志为核心的党的第二代领导集体开辟中国特色社会主义，中国的改革开放已近40年时间。迄至今日，中国的发展一方面取得了极为辉煌的成就，机遇前所未有，另一方面也面临诸多的问题和复杂的形势，挑战前所未有。如果说改革之初只是一个温饱问题，现在温饱问题早已解决，新的问题反而更多，比如利益矛盾问题、贪污腐败问题、社会公平问题、环境污染问题、信仰缺失问题，等等，各种问题盘根错节，不好解决。"过去我们讲先发展起来。现在看，发展起来以后的问题不比不发展时少。"②"改革开放越往纵深发展，发展中的问题和发展后的问题、一般矛盾和深层次矛盾、有待完成的任

① 《邓小平文选》第3卷，人民出版社1993年版，第310页。

② 中共中央文献研究室：《邓小平思想年编》，中央文献出版社2011年版，第719页。

务和新提出的任务越是交织叠加、错综复杂。”[①] 如果说改革之初那种粗放的发展方式还具有必然性和合理性，还能够实行，今天粗放的发展方式早已不可持续，但经济发展方式的转变艰难。如果说改革之初也有阻力，那时更主要是思想的阻力，认识教条僵化、观念不解放。正因如此，邓小平同志才在标志着中国改革大幕拉启的 1978 年 12 月中央工作会议闭幕会上的讲话中强调：“今天，我主要讲一个问题，就是解放思想，开动脑筋，实事求是，团结一致向前看……不打破思想僵化，不大大解放干部和群众的思想，四个现代化就没有希望。”[②] 而今天中国的改革不仅面临思想的分化，同时更面临现实利益的阻力。地方利益、部门利益、既得利益群体，各种利益阻力也是盘根错节，不好解决。正因如此，习近平总书记才强调：“我们要坚持改革开放正确方向，敢于啃硬骨头，敢于涉险滩，既勇于冲破思想观念的障碍，又勇于突破利益固化的藩篱。”李克强总理也强调：“改革进入了深水区，也可以说是攻坚期，的确是因为它要触动固有的利益格局。现在触动利益往往比触及灵魂还难。”

概而言之，可以说，今天中国的改革发展与现代化建设又到了继 1978 年改革大幕拉启、1992 年社会主义市场经济体制建立之后的又一个瓶颈期和新的关键节点。从战略高度来看，今天的中国处在提高党的执政能力的关键时期，处在全面建成小康社会的关键时期，处在推进国家治理现代化的关键时期，

---

① 中共中央文献研究室：《习近平关于全面深化改革论述摘编》，中央文献出版社 2014 年版，第 4 页。

② 《邓小平文选》第 2 卷，人民出版社 1994 年版，第 141–143 页。

处在意识形态整合的关键时期，处在生态文明建设的关键时期，处在国家由大到强的关键时期，处在民族复兴的关键时期。在这一新飞跃的关键时期，改革必须全面深化，发展必须转型升级，而当前改革推进的艰巨程度、敏感程度、复杂程度，丝毫都不亚于改革之初，甚至当前改革所涉领域，以及深度和力度都将超越当年邓小平同志主导的改革开放，整体形势可谓时间紧、任务重、问题多、挑战大、阻力强。“中国已经进入了改革的深水区，需要解决的都是难啃的硬骨头，这个时候需要‘明知山有虎，偏向虎山行’的勇气，不断把改革推向前进。”[①]而这就决定了现阶段的中国改革迫切需要一个强有力的党中央，一个强有力的领导核心来凝聚共识、整合力量、明确思路，带领全党与全国人民共克时艰，再创辉煌。

其三，确立核心权威有利于推动改革决策落实。

对于今天的中国改革来说，形成明确的改革思路固然不易，但有效的贯彻落实尤为重要。正如习近平总书记强调的：在贯彻落实上，要防止徒陈空文、等待观望、急功近利，必须有时不我待的紧迫意识和夙夜在公的责任意识抓实、再抓实。如果不沉下心来抓落实，再好的目标，再好的蓝图，也只是镜中花、水中月。确实，改革思路如不能有效落实，仅仅停留在文件中是没有多大意义的，而要使改革思路与布局真正贯彻落实，中央就必须有足够的权威。中央只有具有足够的权威，才能克服地方利益、部门利益与既得利益的阻力，通过督促推动改革决策真正落地。反思中国改革历程，中央权威不足并非一个新问

① 中共中央文献研究室：《习近平关于全面深化改革论述摘编》，中央文献出版社2014年版，第13页。

题。1998 年朱镕基就任国务院总理时曾对此发过感慨："我到国务院工作八个年头了，深刻地感到，出个主意是非常容易的。主意可以出得很多，可以天上地下，博古通今，引经据典；定个政策也不是很难，只要你虚心听取各部门的意见，群策群力，也可以出台一个好政策，但是要落实就难得很。那不是你写一大篇批示，下面就会照着做，根本不是那么回事，最难就在于落实。我八年来的体会，就是要办一件事，不开八次、十次会议就没法落实。如果发一个文件，能兑现 20% 就算成功了，不检查落实根本不行……所以，同志们，要落实、落实、再落实，你的文件发下去以后，你不下去检查，没有多少人理你。"[①] 国家总理如此强调，问题之严重可见一斑。但是，即使是一个老问题，即使再难解决，这个问题今天也必须要正视、要解决，不然改革就无法深化，改革目标就难以如期实现。针对于此，习近平总书记强调："要防止和克服地方和部门保护主义、本位主义，决不允许'上有政策、下有对策'，决不允许有令不行、有禁不止，决不允许在贯彻执行中央决策部署上打折扣、做选择、搞变通。"这次十八届六中全会明确习近平同志党内领导核心地位，实际上就是对以习近平为核心的党中央权威的进一步强化，而这无疑将有利于全党特别是各级领导干部进一步增强政治意识、大局意识、核心意识、看齐意识，层层传导压力、层层压实责任，加速推进实施既有的改革路线图。

其四，明确核心意味着中国最顶层权力架构的合理化调整。

党的领导是中国特色社会主义最本质的特征，中国改革发

---

① 朱镕基：《朱镕基讲话实录》第 3 卷，人民出版社 2011 年版，第 6–8 页。

展的关键在于中国共产党。而对于中国共产党而言，关键在于有一个好的政治局特别是一个好的政治局常委会，因为这是中国政治最顶层的权力架构。正如邓小平同志深刻指出的："只要有一个好的政治局，特别是有一个好的常委会，只要它是团结的，努力工作的，能够成为榜样的，就是在艰苦创业反对腐败方面成为榜样的，什么乱子出来都挡得住。"① 改革开放以来，我们党十分注重中央层面的制度建设，中央政治局常委会集体领导、分工负责的机制得以逐步恢复、发展与完善。但是，也要看到，实践中暴露出来的如周永康作为政治局常委的严重违纪违法问题，说明这一方面的制度机制仍需进一步的健全。知名中国问题研究专家郑永年就此认为："十八大之前，中国最高领导机构处于分权状态，被称为'九龙治水'，高层的权力涉及9个常委，每人管一块，这种分权对中国来说很不好，每个常委在自己的领域拥有绝对权力，相当于高层的'分封制'，因此出现了周永康的例子。"② 常委之间的分工负责当然没有问题，但如果这种分工负责导致常委在自己负责的领域内缺乏有效制约，权力趋向无限化与绝对化，常委之间缺乏有效沟通与制衡就会出现问题。在此意义上，如何在坚持集体领导、分工负责的前提下强化常委之间的沟通、协调甚至制衡，形成最优良合理的权力架构与治理机制至为重要。

党的十八大以来，这一方面的一个重大调整与改革思路就是在中央层面进一步强化各种领导小组的设置与功能。比如，

① 《邓小平文选》第3卷，人民出版社1993年版，第310页。

② 郑永年：《十八大两周年再评价》，"爱思想"http：//www.aisixiang.com/data/83353.html，访问日期：2017年4月19日。

习近平总书记自己就兼任中央全面深化改革领导小组、中央网络安全和信息化领导小组、中央军委深化国防和军队改革领导小组、中央财经领导小组等多个中央领导小组的组长，而副组长大多由其他政治局常委担任。这种组长由总书记担任，副组长由其他政治局常委担任的职务搭配一方面有利于整合改革涉及的各部门、各机构，避免其相互扯皮与掣肘，推进决策的宏观统筹协调，另一方面也有利于增强总书记领导下常委之间的沟通、协调、制衡，避免分工权力因近乎绝对化而出现严重问题。应该讲，这一改革思路具有非常现实的针对性。而这一次党的十八届六中全会明确习近平同志的领导核心地位可视为问题解决的另外一种努力：核心在很大程度上意味着有权力在政治局常委会这个层面推进协调、沟通、交流、整合，在议而不决的重大问题上有权力进行最后的拍板、决策。至少从以上两个方面来讲，可以说，党的十八大以来中央政治局常委会这个中国最顶层权力机构的运作机制实际上已经在进行着合理化调整，明确领导核心有其现实意义。

其五，确立领导核心并不意味着过度集权，对此必须要理直气壮地予以解释。

改革开放推进到今天，中国社会在很大程度上已经是一个现代社会，经济领域与社会领域的自主性不断增强，民主法治不断发展，民众日渐启蒙，今日之中国已经不再具备权力过分集中的现实基础。党的十八大以来，中央权力在某些方面确实在集中，但要看到，这种中央权力的集中是一种选择性集权。所谓选择性集权，不是权力的任意集中，而是指为全面深化改革所必须的权力中央必须要集中而决不能分散，如果本应集中在中央的权力分散到地方、部门乃至社会，既有的改革思路与决策部署就无法自上而下推动实施，顶层设计就会仅仅停留在理念层面。邓小平同志早就曾就此指出："我的中心意思是，中央要有权威。改革要成功，就必须有领导有秩序地进行……我们要定一个方针，就是要在中央统一领导下深化改革。"[①] 现阶段中央权力集中的直接目的就是在攻坚阶段保障相关改革决策部署的充分有效落实。进而言之，党的十八大以来，在权力配置方面，不仅有中央的选择性集权，也有中央的选择性放权与分权。比如，党的十八届三中全会《中共中央关于全面深化改革若干重大问题的决定》对推进市场化改革，大幅度减少政府对资源的直接配置的强调，对于加强民主政治制度建设的强调，对于加快实施政社分开，推进社会组织明确权责、依法自治、发挥作用的强调，实际上体现了向市场分权、向公民分权、向社会分权的改革思路。集权恰恰是为了更好地推进分权。只看到选择性集权的一面，看不到选择性分权的一面，认识必然会片面化。再者，党的十八届三中全会指出，我们全面深化改革的总目标是完善和发展中国特色社会主义制度，推进国家治理体系和治理能力现代化。这一目标定位说明，未来中国改革与发展追求的是制度之治，而不是权力过度集中、依赖个人的治理模式。此外，习近平总书记也多次公开表述自己的权力观，强调要加强对权力运行的制约和监督，把权力关进制度的笼子里，要求各级领导干部要牢固树立正确权力观，保持高尚精神追求，敬畏人民、敬畏组织、敬畏法纪，做到公正用权、依法

① 《邓小平文选》第3卷，人民出版社1993年版，第277页。

用权、为民用权、廉洁用权，永葆共产党人拒腐蚀、永不沾的政治本色。这些论述充分表明了作为执政党的领导核心所具有的深刻认知和政治品格。综合以上各点，应对领导核心的确立持一种理性的理解和认知，避免误解、曲解。

其六，党的十八大以来四年多时间的治国理政充分显现了习近平同志作为全党领导核心的能力。

《人民论坛》曾刊发过一篇解读习近平同志“治国理政核心能力”的文章，认为习近平同志具有自信笃定的政治意志力、高瞻远瞩的全局掌控力、坚韧无畏的变革创造力、大气厚重的凝聚感召力四大核心能力。确实，这四大核心能力在党的十八大以来的改革推进中得到了充分展现与有力证明。党的十八大以来，在理论方面，习近平同志发表了多次重要讲话，提出了一系列治国理政的新理念新思想新战略，尤其是逐步提出、系统阐述了“四个全面”战略布局，并通过党内几次全会对其做出渐次部署。就此而言，习近平同志是今天中国改革方案的顶层设计者。实践中，积极推动反腐倡廉、澄清吏治、健全民主、完善法治、改进民生、裁军整军、有效应对南海危机、实施“一带一路”合作倡议、积极参与全球治理，等等，确实开创了治国理政的崭新局面，取得了辉煌成就。就此而言，习近平同志又是今天改革的督促者和推动者。换言之，习近平同志既是今天中国改革方案的设计者，又是今天改革方案的执行者，一身兼两个角色。国外很多政要、学者对于习近平同志所展现的这种领导核心能力也给予高度评价，称他“像毛泽东或邓小平”“领导力前所未有”“继邓小平之后最具转型色彩的中国领导人”“中国新一轮革新的中心人物”“将成为中国第一位真正的全球领袖”。国内的成就、公众的认可、国外的赞誉，所有这些都说明一点：核心源自一系列实实在在的能力，实实在在的行动，实实在在的成果，实实在在的众望所归。可以说，习近平同志在新的伟大斗争实践中，事实上已经成为党中央的核心、全党的核心。

其七，作为核心意味着更大责任。

党中央的核心，全党的核心，核心的身份意味着更大的权力，同样，也意味着更大的责任，更重的担当，意味着习近平同志把个人命运与党、国家、民族、人民的命运更紧密地联系在一起。党的十八大以来，习近平同志多次谈到责任担当的问题，反复强调要有使命意识、担当意识，担当起该担当的责任，要把使命放在心上、把责任扛在肩上。“责任重于泰山，事业任重道远。我们一定要始终与人民心心相印、与人民同甘共苦、与人民团结奋斗，夙夜在公，勤勉工作，努力向历史、向人民交一份合格的答卷。”[①] 实际上，今天以习近平同志为核心的党中央是在肩负历史重任前行。既然如此，在改革攻坚的形势下，我们全党更要紧密团结在以习近平同志为核心的党中央周围，统一意志、统一行动、步调一致地前进，共担责任、共对挑战、共同奋斗，这是每一个共产党员不可推卸的责任与义务！

2017年4月14日
以过程思维看待中国特色社会主义

有人问我，西方发达国家特别是西欧、北欧比我们现代化

① 《习近平谈治国理政》，外文出版社2014年版，第5页。

程度高，社会文明程度也高，那我们中国特色社会主义优越性如何体现与证明？实际上这也是理论上常有人提及的问题。

对此问题，我认为必须对中国特色社会主义持一种生命成长的眼光，一种过程的观点来分析与看待。在落后基础上建立起来的社会主义肯定是不合格的，中国特色社会主义的优越性应该体现在比资本主义更好更快更公平的发展上，体现在效率与公平相统一的建设进程中。在不合格的前提下，中国特色社会主义的内部的社会主义因素有一个逐步增多与生长的过程。伴随这一过程，其社会主义本质逐步得到更好体现，社会主义优越性得以更好体现。从这个意义上，社会主义优越性是在过程中表现出来的！

我用了邓小平同志的四句话做了回答。第一句："社会主义是一个很好的名词，但是如果搞不好，不能正确理解，不能采取正确的政策，那就体现不出社会主义的本质。"这涉及正确理解社会主义的问题。第二句："现在虽说我们也在搞社会主义，但事实上不够格。"他认为，承认落后才有希望；不能因为有社会主义的名字就光荣，就好。本来很丑，何必一定要让人说漂亮呢。这些说法反映出邓小平同志坦率的性格。第三句："社会主义制度优越性的根本表现，就是能够允许社会生产力以旧社会所没有的速度迅速发展，使人民不断增长的物质文化生活需要能够逐步得到满足。"此即过程的观点、生长的眼光。第四句："只有到了下世纪中叶，达到了中等发达国家的水平，才能说真的搞了社会主义，才能理直气壮地说社会主义优于资本主义。现在我们正在向这个路上走。"这四句话确实耐人寻味，含义深刻。

2017年3月23日

反思“贤能政治”[①]

抽象地谈贤能政治，我也不反对。古今中外，谁不希望作为精英的领导既贤又能呢！但是，理想的贤能政治去哪里寻找？当然不能迷信西方民主，但也不能迷信所谓的“贤能政治”。没有制度的约束，贤人也可能变得不贤，也可能做坏事。从古到今，这样的例子还少吗？民主是有很多问题，但民主制下也有德才兼备的伟大人物，现代民主也取得了不俗的治理成就。

再一个，恐怕也不能一般意义上讨论西方民主，西方民主也是一个谱系。在这一谱系中，有的国家民主运转得还不错，当然有的问题严重些。进而言之，西方民主的形式也是多种多样的：议会民主、直接民主、协商民主、自治民主，等等，把西方民主简化为一人一票也不合适。无视西方民主几百年积淀的成就，淡化其治理之功，将其与一种理想化的治理理念相对比，缺乏科学性。看一看托克维尔的《论美国的民主》，让人颇有启发。

贝淡宁教授的大作《贤能政治》，我认真拜读过。我觉得重要一点是他对中国经济崛起的解释可能有问题。实际上，中国经济崛起的重要原因是自上而下压力型体制的发展政绩导向、广大民众自由权利与财产权利的确认与保障以及中国对外开放对全球化的加入，至于他所说的是领导干部自身贤能的原

---

① 此微信是阅读文章《【思享一席】贝淡宁：别迷信西方民主，贤能政治是理想政治模式 | 独家专访》有感而写。

因则未必准确。我总觉得贝淡宁教授对中国的观察有些雾里看花的感觉。

2017 年 3 月 1 日
身体政治学[①]

“鼓掌”政治和“欢呼”政治：集权体制下的身体政治学。

在罗马尼亚共产党十大和十一大工作报告讲话的结尾，共有六个自然段落，全部讲话字数连同标点共 243 字，六次热烈鼓掌，平均齐奥塞斯库每讲不到 40 个字就要接受一次掌声和欢呼。以人的语速每秒 4 字计算，齐奥塞斯库每讲话不到 10 秒钟就要被热烈的掌声打断一次。

看到这些记载，可以想见当时的会场情形，齐奥塞斯库每讲一段的话音还未落下，就再被淹没在会场狂热的鼓掌声里，鼓掌的时间长度超过了齐奥塞斯库讲话的时间长度。鼓掌者的手还没来得及在桌面下放稳，又得举起来鼓掌。掌心从发红、发热到麻木，手腕从酸痛到僵直，却没有休息的机会。

2017 年 1 月 11 日
共产党的治理逻辑

最近读《邓小平文选》，觉得中国共产党在治理方面有一

① 此微信是阅读袁凌文章《掌声献给齐奥塞斯库》有感而写。

个封闭的环路，有一套环环相扣的完整逻辑。

这套完整逻辑始于高层启动的群众路线，通过群众路线采集民意，经过层层上升形成决策，然后通过全党的集中统一自上而下层层落实。在这个由下而上，再由上而下的升降过程中，各级党委发挥着枢纽作用，中央委员会作为最顶层权力架构尤为关键。中央政治局、政治局常委会、总书记更是关键的关键。既然各级党委作用如此重要，各级党委能否有效贯彻实行民主集中制就至关重要。从群众路线采集来的民意通过民主基础上的有效集中才得以最终形成路线、方针与政策。全党需要党内民主与集中统一，而党委则特别需要正确有效的民主集中。

这套治理逻辑自毛泽东时代直至今天始终未有大的变化，其成效明显。但是今天反思，其有两个问题有待进一步完善。一是在这套治理逻辑中，各级党委尤其是高层处于枢纽与核心地位，其能力、德性对民主集中制贯彻得好坏影响重大。如何保证其能力、德性的最优化，保证民主集中制的有效实施需要进一步思考。二是在这套治理逻辑中，民众相对而言是政治客体，政策实施后往往缺乏及时灵活的反馈机制，往往要等到问题比较严重且影响范围较广时，才能反馈到权力中枢，这种及时反馈需进一步优化。

当然，既有的治理逻辑也要不断调适与现代化。

叁

文化微评

文化微评

2018年9月19日 毛泽东对共产党人精神境界的强调

近日再读毛泽东的著作，深刻感觉毛泽东更加推崇共产党人精神层面的升华与超越，比如“老三篇”强调的共产党人与人民群众的“生死伦理”就是如此。

这种对精神层面的强调带来了两个后果。

一是对物质生活的矛盾态度。一方面，精神的修养、伟大的牺牲目的之一就是广大党员与民众现实的利益实现与物质满足。另一方面，精神的超越本身在很大程度上又是鄙视乃至拒斥世俗的物质生活的，因为这种现实利益的计较会影响精神的追求。正如毛泽东指出的：“解放后，学苏联，搞工资制，搞资产阶级法权的一套，使人们追求物质利益，忘了共产主义精神。”“一直到解放初期，大体是过着平均主义的生活，工作都很努力，打仗都很勇敢，完全不是靠什么物质刺激，而是靠革命精神的鼓舞。”这种对物质生活的矛盾态度比较明显地体现在毛泽东的著作中，但长期以来没有引起研究者的足够重视。

二是注重对未来的追求与谋划，相对轻视当下的地位与重要性。精神层面的超越与牺牲更多是指向未来的目标与蓝图。在一种不断革命的思维中，当下的意义是由未来赋予的，因为当下被认为是实现未来目标的一个阶段。一切都在不断朝向未来理想的运动中，当下需要不断被超越。精神的升华与超越推动当下现实的不断被超越。这在毛泽东在新中国成立以后推动实施的多次运动中都可以得到比较明显的体现。

2018 年 9 月 10 日
好文章的生命力何来?

好文章的生命力何来?

近日反思写作体会，感觉好的文章必须有作者真挚的情感与鲜明的价值在其中。没有这种情感与价值，文章不鲜活、不灵动，行文不会流畅，表达难以连贯，就会缺乏一种喷薄欲出、一气呵成的气势，就会缺乏生命，干巴巴的，沦为条框的堆积。好的作品，能够透过文字看到作者的情感，体会作者的情绪，关照作者的价值，使人自然产生击节赞叹之感。只有是作者有话说，是作者由内在情感和价值推动感到必须说，才有可能创作出理性与情感交融的佳作。伟大经典，比如《共产党宣言》，皆在此列。

是作者的情感、价值、体验赋予文章以生命，我们就应该努力写这样的文章。

2018 年 8 月 6 日
新时代更需增强忧患意识[①]

“备豫不虞，为国常道。”自觉增强忧患意识，切实做到居安思危，是人类历史兴亡更替昭示的一条重要经验，也是我们改革发展必须始终坚持的一个重大原则。党的十八大以来，习

① 本文笔者发表在《人民日报》的一篇短文，发表时有删节，此为原文。

近平总书记对此多次予以强调。在学习贯彻党的十九大精神研讨班开班式上，习近平总书记展望民族复兴的宏伟蓝图，着眼百年大党的使命担当，基于改革发展的问题挑战，再一次明确指出："当前，我国正处于一个大有可为的历史机遇期，发展形势总的是好的，但前进道路不可能一帆风顺，越是取得成绩的时候，越是要有如履薄冰的谨慎，越是要有居安思危的忧患，绝不能犯战略性、颠覆性错误。"习近平总书记的论述清醒而深刻，具有非常鲜明的针对性与极为重要的现实意义，尤其需要深入学习领会。

实现宏伟的历史使命要求我们必须自觉增强忧患意识。使命呼唤担当，使命引领未来，中国共产党作为一个典型的马克思主义使命型政党，所关注的不仅是现实的问题与短期的目标，更是要实现长远的历史使命和宏伟的理想蓝图。民族的独立、民族的复兴、世界的大同乃至共产主义的实现，都是我们党所担负的伟大使命。使命之伟大、理想之宏伟，要求我们不能满足于一时之成绩与具体之进展，而应时时检视我们当下的工作，反思其与使命之差距，与理想之距离。如果没有忧患意识，固步自封、骄矜自满，就不能正确认识各种问题与不足，就难以取得进一步的更大的成就。对此，很有必要重温新民主主义革命胜利前夕毛泽东对全党的告诫："因为胜利，党内的骄傲情绪，以功臣自居的情绪，停顿起来不求进步的情绪，贪图享乐不愿再过艰苦生活的情绪，可能生长……夺取全国胜利，这只是万里长征走完了第一步。如果这一步也值得骄傲，那是比较渺小的……中国的革命是伟大的，但革命以后的路程更长，工作更伟大，更艰苦。这一点现在就必须向党内讲明白，务必使同志们继续地保持谦虚、谨慎、不骄、不躁的作风，务必使同志们继续地保持艰苦奋斗的作风。”毛泽东的告诫不仅在当时对于保持党内认识的清醒起到了极为重要的作用，在今天仍然具有极为重要的启示意义。党的十八大以来，我们进一步明确了民族复兴的伟大梦想。伟大复兴中国梦的实现意义非凡：对内意味着我国各领域建设取得重大进展，中国现代化实现质的跃迁，到本世纪中叶成为现代化的强国；对外则意味着中国国际地位进一步提升，走进世界舞台的中心，重回民族鼎盛之巅。而党的十九大对民族复兴中国梦的实现又做出了“两步走”的具体战略安排。必须看到，相比于以前的“三步走”战略，这样一个“两步走”的战略安排是发展目标任务的升级版。按照以往“三步走”的战略规划，我们的发展目标是在本世纪中叶基本实现现代化，而现在则提出在2035年就要基本实现现代化，本世纪中叶则要建成富强民主文明和谐美丽的现代化强国，实现中华民族的伟大复兴。相比于“三步走”的战略规划，“两步走”这两个阶段，一个阶段是目标提前，一个阶段是任务加重。这样一个目标任务的升级，体现了以习近平总书记为核心的党中央高度的担当情怀与强烈的使命意识。也正因为目标任务的提前与加重，我们才更需要具有忧患意识，必须准备付出更为艰巨、艰苦的努力。就此而言，中国共产党秉持忧患意识是对党的事业的高度负责，是对国家、民族和人民的高度负责。

化解严峻的问题挑战要求我们必须自觉增强忧患意识。我们党生于忧患、成长于忧患、壮大于忧患。正是因为时刻心存忧患，能够清醒地认知、应对各方面的问题与挑战，我们党才能团结带领人民不断从胜利走向新的胜利。当前，我们比历史上任何时期都更接近、更有信心和能力实现中华民族伟大复兴的目标，但行百里者半九十，中华民族的伟大复兴绝不是轻轻松松、敲锣打鼓就能实现的，我们前进道路上仍存在诸多困难与障碍，如果处理不好、处理不当都会对我国改革发展进程产生重大冲击和干扰。新时代有新的问题与挑战，也有旧的问题与挑战，各种问题盘根错节、不好解决。对于当前工作中的不足与挑战，党的十九大报告进行了明确阐述：发展不平衡不充分的一些突出问题尚未解决，发展质量和效益还不高，创新能力不够强，实体经济水平有待提高，生态环境保护任重道远；民生领域还有不少短板，脱贫攻坚任务艰巨，城乡区域发展和收入分配差距依然较大，群众在就业、教育、医疗、居住、养老等方面面临不少难题；社会文明水平尚需提高；社会矛盾和问题交织叠加，全面依法治国任务依然繁重，国家治理体系和治理能力有待加强；意识形态领域斗争依然复杂，国家安全面临新情况；一些改革部署和重大政策措施需要进一步落实；党的建设方面还存在不少薄弱环节。这些问题，必须着力加以解决。“君子安而不忘危，存而不忘亡，治而不忘乱，是以身安而国家可保也。”正是基于这种深沉的忧患意识，党的十九大才强调我们党要团结带领人民有效应对重大挑战、抵御重大风险、克服重大阻力、解决重大矛盾，必须进行具有许多新的历史特点的伟大斗争，任何贪图享受、消极懈怠、回避矛盾的做法都是错误的。面对波谲云诡的国际形势、复杂敏感的周边环境、艰巨繁重的改革发展稳定任务，我们在心态上绝不能懈怠、不能马虎、不能大意，而应时刻警醒，保持饱满的精神和昂扬的斗志，牢固树立底线思维，攻坚克难，在忧患中继续砥砺奋进。全党要按照习近平总书记所要求的："既要有防范风险的先手，也要有应对和化解风险挑战的高招。既要打好防范和抵御风险的有准备之战，也要打好化险为夷、转危为机的战略主动战。"

客观存在的发展差距要求我们必须自觉增强忧患意识。改革开放以来，特别是党的十八大以来，我国改革发展取得了举世瞩目的伟大成就，经济实力、科技实力、国防实力、综合国力进入世界前列，在国际上日益走进世界舞台的中心。对于伟大成就与历史性变革，我们当然要牢固树立"四个自信"，但也必须清醒地认识到我国的基本国情以及在诸多领域与发达国家仍然存在的差距。党的十九大报告特别强调，尽管中国特色社会主义进入新时代，我国社会主要矛盾已经变化，但这没有改变我们对我国社会主义所处历史阶段的判断，我国仍处于并将长期处于社会主义初级阶段的基本国情没有变，我国是世界最大发展中国家的国际地位没有变。这"两个没有变"是对我国基本国情与发展现状的清醒认知：初级阶段就意味着与更高的发展阶段有差距，最大发展中国家就意味着与现代化实现的发达状态有差距。经过几十年的发展，我们虽然在很多领域已经超过西方发达国家，社会上也普遍流行着"我们用几十年的时间走了西方几百年的路"这种说法，但毋庸讳言，当前在诸多领域我们与西方发达国家仍然有不小的差距。西方几百年现代化所取得的成就，有些我们几十年可以达到与跨越，有些则很难在几十年时间内实现或并驾齐驱乃至赶超，尤其一些内涵式发展的领域更是如此。比如在高科技领域，这种差距就非常明显。习近平总书记对此也有非常明确的论述："我们也要清醒地看到，中国在发展，世界也在发展。与发达国家相比，我国科技创新的基础还不牢固，创新水平还存在明显差距，在一些领域差距非但没有缩小，反而有扩大趋势。国际科技竞争，犹如逆水行舟，不进则退啊！”“同世界先进水平相比，同建设网络强国战略目标相比，我们在很多方面还有不小差距，特别是在互联网创新能力、基础设施建设、信息资源共享、产业实力等方面还存在不小差距，其中最大的差距在核心技术上。”习近平总书记的论述是“清醒剂”，是“醒脑汤”。面对我们的实际国情与发展差距，在看到成就的同时我们绝不能骄傲自满，而应以深切的忧患意识，居安思危、锐意进取、奋发图强，扎实推进社会主义现代化强国建设。

2018年7月19日
在工人自发与政党自觉之间

对于列宁著名的灌输理论，我曾长期困惑。既然马克思主义认为工人阶级具有历史的革命性，是资产阶级的掘墓人，承担推翻资本主义的历史使命，那么为什么无产阶级本身不能产生自觉的革命意识，反而需要他人从外部的灌输？这种灌输表明工人思想觉悟与实践能力的一种匮乏。既然如此，工人阶级还是不是历史的真正主体？工人的这种自发性能否承担起历史使命？

无产阶级政党及其思想家的自觉性与工人的自发性形成鲜明的对比。一方面强调无产阶级的这种历史使命与作用，另一方面又强调无产阶级的自发性、能动性的匮乏，这里是不是有巨大的内在张力?

当然这种灌输有着巨大的历史作用，对于唤起民众的意识，凝聚民众力量，实现目标任务十分重要。但是这种灌输显示了无产阶级本身那种巨大的惰性，显示仅靠无产阶级本身很难承担推翻旧社会的使命，也显示了科学社会主义真正的主体与灵魂是工人阶级政党的思想家与领袖，他们把握规律，明确方向，宣传引导灌输。工人的主体性与他们相比则是有较大差距的。就此而言，科学社会主义带有极为强烈的精英色彩。科学社会主义是精英主导、民众参与跟随的一种运动，是马克思主义创始人认定并赋予了工人阶级那种历史使命，并把这种意识灌输给无产阶级，就此而言，科学社会主义及其意识对于纯粹的无产阶级本身而言也具有某种外在性。

工人自发,领袖自觉,自觉引导自我。但是在实际的过程中,如何避免自觉不至于离自发太远也是一个问题。新中国成立后“大跃进”领导人的自觉就相当程度地脱离了民众的自发，领导人自以为掌握了真理与方向，以此来自觉地引导民众，结果教训惨痛。怎样保证领导人的自觉不是一种错误的自觉十分重要。尽管我们党强调领导干部不能搞命令主义，也不能当尾巴主义，既不能完全脱离自发，也不能仅仅停留在民众自发水平，而是要贯彻群众路线，但这种微妙的平衡很难把握。换言之，我们党认识到了自发与自觉的张力问题，但实践中怎么解决这种张力并不容易。

2018年7月19日

“老三篇”集中反映了共产党的价值观

《为人民服务》《纪念白求恩》《愚公移山》，这三篇文章合计仅有3000余字，无论分量还是地位，似乎都无法与毛泽东那些论述中国革命的社会基础、策略方针及革命前途的理论著作相提并论。但事实上，“老三篇”在毛泽东思想中居于一个特殊而重要的地位，有着丰富的思想内涵，反映了共产党独特的价值观和伦理观。

“老三篇”的基本观点可以简单地概括为：两把尺子（完全，彻底）；八个字（毫不利己，专门利人）；两个极端（对工作的极端的负责任，对同志对人民的极端的热忱）；四句话（下定决心，不怕牺牲，排除万难，争取胜利）；五个观点（全心全意为人民服务，正确对待生与死，正确对待困难，正确对待批评与自我批评，革命工作不分高低贵贱）；五种人（一个高尚的人，一个纯粹的人，一个有道德的人，一个脱离了低级趣味的人，一个有益于人民的人）。

2018年6月28日

新时代宣传工作要注意五个方面

我感觉，新时代的宣传工作要注意以下五个方面。

一是内宣外宣要有适当区别。内宣可以以宏大目标凝聚共识、鼓舞士气，外宣则应注意不能把内宣的做法简单移植，某种意义上应注意避免高调的宣传以刺激外部世界，否则不利于自身。

二是内宣中成就与问题要适当兼顾。要避免对成就的过度宣传，目标的过度张扬，激发国内盲目自大的民族主义情绪。成就要大力宣扬，问题亦要适度宣讲，要正确而理性地引导民众的情绪与认知。

三是官方媒体与自媒体的张力问题。经常可以看到，官方媒体与微信等自媒体所宣传的内容指向并不完全一致。自媒体的问题意识、批判意识与反思意识相对都是更强的。这种内容指向与态度认知上的差异往往导致两个舆论场相互碰撞。这其间关系如何处理，颇为微妙，也颇为重要。官媒如何尽可能地包容、引领自媒体，以使两者张力不至过大，确实是需要深入思考的问题。

四是理论阐释与落实难度的问题。当前宣传中理论阐释可谓铺天盖地，但已有改革理论怎样落地并未讲清楚，甚至讲得很少。这就导致理论与现实充满张力，宣传效果往往受影响。现在的宣传既要讲清楚理论本身，也要讲清楚理论落实的难度与症结，引导民众正确客观地认识问题。

五是引导功能与管制功能如何合理协调的问题。宣传既有引导民众功能，同时也有管制控制功能。但这两种功能之间的尺度如何把握，是一个需要深入思考的问题。如果管制过多，就会影响引导，相反只知引导也会放松管制。实践中这两者关系如何协调平衡十分重要。

2018年6月19日

精神实质与思想精髓的区别

现在看文章，经常看到精神实质与思想精髓的提法，个人感觉到这两个概念用得非常混乱，其实这两个概念有交错之处，但也有区别。

精神实质，必须把一个理论到底要干什么讲清楚。这是因为，一个理论的实质就是这个理论实际到底是干嘛用的，有啥功能，即实际的本质。

思想精髓，则是指一个理论体系本身最强调什么，什么样的核心主张、理念或观点贯穿于整个理论，融贯于各个部分。换言之，思想精髓强调的是思想本身的核心要旨。

2018年5月29日

理论与现实的张力

一方面是宏大的理论、美好的期待与满满正能量的轰炸式宣传，另一方面是棘手的问题、突发的事件与来自自媒体的大量情绪宣泄。当然，理论与实践，理想与现实总会有差距。这一方面启示我们，对于目标不要定得太高，理想不要铺设得太美妙，民众胃口不能吊得过高；另一方面启示我们，如果理论不能有效转化为现实，就说明治理的逻辑与体制还存在缺陷，因为治理体制是理论转化为现实的载体，理论通过现实的治理体制而落地。如果既有的治理体制与治理模式不深刻调适，很多问题会一再出现。因为这些问题都不是孤立性的，而是与治理的实际运行体制有极大关联。

2018年5月24日
《共产党宣言》解读的“临界处境”视角

对于《共产党宣言》，要想正确解读，必须开启“临界处境”的视角。临界处境的概念，我最初得自于对海德格尔《存在与时间》的研读。海德格尔认为，人只有面临将死之极端境地，才能深刻把握人生之意义，体会到烦·畏·死的存在论结构，向死而在。实际上《共产党宣言》就设定了一种极端的历史语境，那就是资本主义矛盾危机的极端化，以及资产阶级与无产阶级的大决战，新社会来临之前夜。只有放在这种临界语境（达到某种极致的历史处境）下理解《共产党宣言》，才能深刻把握平时有可能被忽视的含义。

正是基于这种极端语境的设定，马克思、恩格斯在《共产党宣言》中做出了一系列对比极其鲜明的理论规定：丧失历史必然性的资产阶级的堕落性与代表历史必然性的无产阶级的先进性，其他阶级的保守性与无产阶级的革命性，工人阶级的自发性与工人政党的自觉性，传统社会的腐朽性与新社会与之决裂的彻底性，阶级斗争的尖锐性与新社会建立的近景性，阶级社会的异化性与新社会的自由性。在这对比的两端，每一端都趋于性质的极端化。代表生产力发展方向的无产阶级是彻底的善，具有彻底的革命性，一次大的冲突革命就可以变更整个资本主义社会秩序，开启向新社会的过渡环节，新旧社会的转换就在一次简单的总体性的革命之中。

总之，由于是在一种临界的语境设定中进行分析，《共产党宣言》中的很多观点都呈现出对比极为鲜明乃至有些极化的特点。这是在研究时应该注意到的。

2018年5月15日

共产主义也是一种美好心态①

共产主义是一种社会形态，是一种理论体系，是一种现实运动，是一种社会思潮。我认为共产主义也是一种美好心态。心态决定心情、决定心境，每天心态阳光、快乐就是自己的共产主义生活。我们要做自己心态的主人，外部世界我们无法改变，保持一种自由、恬适、宁静的内在心态极为重要。好心态不花钱，但是人生最不应或缺的靓丽风景。共产主义远矣？共产主义近矣，当下即是！

2018年5月13日

游保定大佛光寺值方丈不在

清晨入古寺，旭日照禅林。

经阁角相斗，宝相庄严身。

---

① 这是阅读网络文章《你最好的本钱是好心态》有感而写。

欲辩中国化[①]，问理古与今。
言师云游去，弘法使命心。
他道与我道，皆为济世人。

2018年5月13日
不做应景之学术

昨天与好友聊天，谈起不做应景之学术。好友谈到20世纪90年代一座图书馆清理、销售旧书之情景，让我印象深刻：凡是应景之书籍，尤其各类应景的政治解读类书籍、文件诠释类书籍，皆无人问津，乃至践如敝履，踩踏者多亦。而各类文学与哲学经典，则多有问津，乃至有人竞购。此言听罢，不仅让人感慨唏嘘。做学术如果太紧跟形势，紧随热点，将终致研究漂浮，虽一时热闹非凡，但难以深入，长远价值匮乏。严格意义上讲，做学术没有热点与非热点之分，研究必须有自己固定的问题领域而不能时时跟风。当然，完全不跟热点也不可能，但亦有一个度的问题。有时候，学术研究是一种伪繁华，一种虚假的泡沫繁荣，都在喊口号，标榜问题意识，但是没有多少人真正俯下身子研究现实的问题。

① 佛教有佛教中国化之说，而我的学科是马克思主义中国化研究。

2018年5月10日

传统文化的几个概念：道、圣、民、辟①

在这篇文章中，刘泽华先生分析了几个概念：天、道、圣、民等。这几个概念都与王联系在一起，以王为中心。

王授命于天，秉承天意为天子，体现天道为王道，统治具有强大合法性。道为恒常，为应然，也为必然的规律：规律应该如此也必然如此。由此，王权合法性的理论基础不在民众，而在实际并不完全清晰的"天道"。

圣本来是个理性与知识范畴，但传统社会圣王合一，皇帝常被称为圣上、圣驾，说的话被称为圣旨。这就把理论的解释权很大程度上赋予了帝王，皇帝成了具有强大理论能力和至高话语权的人，权力与知识合一，最大权力与最高话语权合一，以驯化民众。

民在传统社会是一个被驯化的对象，所谓"子民"而已。君王以家长式的态度对待子民，可以关照其生活但不能使其自主自立，可以实其腹、饱其口，但不能明其心、锐其思，使其具有独立人格与批判精神，而是要始终使臣民处于精神的"未成年"状态。一句话，让民众听话、服从。

王与道合一、圣与王合一、父权顺民，这几个词对理解传统社会极为重要。

作者还解释了一个名词"辟"：辟，本义法律、法度。在君主专制政体下，君是法的主人，法是君的专利，法又称为王

① 此微信是阅读刘泽华先生文章《王权支配社会的几个基本理论》有感而写。

法，故辟可引申为君，“惟辟作福，惟辟作威”。君主失位而复得，故称之为“复辟”。

2018年5月4日
为马克思诞辰200周年所作[①]

历史总是以纪念的方式来展示伟大人物或伟大事件所具有的不朽价值与重大意义。今年是伟大导师马克思诞辰200周年，在这一特殊的时间节点，结合历史与现实、理论与实践，深刻予以总结、纪念，意义自不待言。200年时间，马克思给世界留下了什么？在历史长河中，什么是马克思具有恒久意义的活的遗产？今天，我们中国共产党人如何更好地继承和发展马克思的事业？这些问题都值得深入思考。

作为伟大的人道主义者，马克思致力于批判资本的剥削与人的异化，追求人的解放与自由全面发展。这种人民至上的立场情怀代表了一种极其高远的价值追求，这种价值之维使得马克思及其提出的理想图景高居于人类道义的制高点。在其一生中，马克思彻底发展了启蒙思想，以深切的人文关怀，深刻地批判了资本对人的剥削与异化，提出了一种彻底消灭剥削压迫与阶级对立，每个人都可以实现自由全面发展的美好理想图景。“代替那存在着阶级和阶级对立的资产阶级旧社会的，将是这样一个联合体，在那里，每个人的自由发展是一切人的自由发展的条件。”在《资本论》第一卷第二十二章，马克思把共产

① 此文原题为《纪念，是为了更好地继续前行》，发表于《光明日报》2018年5月4日。

主义称为“一个更高级的、以每个人的全面而自由的发展为基本原则的社会形式”。这可以说是人类历史上最为恢宏、最富人道精神、最具科学性的宏伟蓝图，为人类的发展确立了社会形态的理想之境。正是这种崇高人格，正是这种伟大情怀，正是这种美好图景，使得马克思及其确立的价值理念为后人高山仰止。

作为伟大的思想家，马克思深刻阐明了人类社会与历史的内在规律，创立了影响深远的马克思主义。作为科学的理论体系，马克思主义具有非常突出的四个特征。一是高度的科学性。马克思从日常的物质生活中透过现象深刻地揭示了社会的基本矛盾与历史的发展规律，这使得其理论特别是唯物史观具有一种其他学说很难达到的对于社会与历史的把握能力与穿透能力。正是由于唯物史观的发现，历史的发展才不再是一团混沌，才有规律与方向可循。二是彻底的革命性。以往的哲学家们只是用不同的方式解释世界，而问题在于改变世界。马克思阐明了剩余价值理论，发现了资本主义生产方式和它所产生的资产阶级社会的特殊运动规律，指出了资本主义灭亡与共产主义实现的历史必然性，创立了科学社会主义，为人类社会的发展指明了方向。三是视野的宏阔性。马克思主义不仅纵观历史与未来，具有鲜明的历史意识和自觉的历史思维，而且以世界历史的眼光思考问题，体现了宽广的观察视野与开放的胸襟气质。其视野之宏阔、思维之通达、眼光之高远，确为人类思想之罕见。四是理论的开放性。马克思的整个世界观不是教义，而是方法。它提供的不是现成的教条，而是进一步研究的出发点和这种研究使用的方法。马克思主义并没有结束真理，而是开辟了在实践中不断深化认识真理的道路。可以说，作为一座难以逾越的划时代思想高峰，马克思主义在集前人优秀成果之大成的基础上以巨大的创造性将整个人类的文明发展推至一个新的高度，成为后世必须仰之并不断从中汲取智慧的不竭思想源泉。

作为伟大的无产阶级革命家，马克思缔造了以人类解放与发展为使命的马克思主义使命型政党。所谓马克思主义使命型政党是指以马克思主义为指导，以对人类社会发展规律的认知与把握为前提，以人民至上为价值宗旨，以实现自身民族、国家的解放或发展为自觉使命，以推进世界大同、实现共产主义、实现每一个人的自由全面发展为最终使命，具有强烈的历史主体意识与舍我其谁的责任担当情怀的一种政党类型。在为世界上第一个马克思主义政党——共产主义者同盟所撰写的党纲《共产党宣言》中，马克思对于共产党人的历史使命就作出了明确规定。马克思主义政党之所以能够担负使命，一是因为其是人民利益的忠实代表，具有价值观上的先进性；二是因为其有科学的世界观为指导，能够认知历史的规律，明晰历史的发展方向，具有理论上的先进性。正是基于对使命的自觉认知与有效承担，马克思主义政党才能够成为历史发展的积极推动力量，才能获得民众的高度支持与认可，其领导与执政才具有了历史的正当性与合理性。

作为划时代的伟人，马克思及其创立的马克思主义深刻地改变了人类历史的进程，不仅深刻地推动了西方资本主义的变革，也开启了一个世界社会主义的新时代。一方面，在西方世界，自马克思主义诞生以来，通过不断的反抗与斗争，工人阶级与普通民众的工作与生活条件得到改善。而这种改善与发展之所以可能，离不开马克思主义对资本主义不屈不挠的批判。正如德国著名文学家、诺贝尔文学奖获得者海因里希·伯尔在其著名的短文《假如没有马克思》中明确指出的："须知：没有工人运动，没有社会主义者，没有他们的思想家，他的名字叫卡尔·马克思，当今六分之五的人口依然还生活在半奴隶制的阴郁的状态之中；没有斗争，没有起义，没有罢工，这需要发动，需要引导，资本家是连半步也不让的。西方世界理应感谢卡尔·马克思，尽管东方世界宣布信奉卡尔·马克思。"尽管在当代西方，马克思主义不再像过去一样直接激荡着人们的思维，但其并没有销声匿迹。马克思的理论与学说已经作为一种积淀内在于西方社会的历史之中，深刻地影响着西方历史的发展进程。另一方面，在世界的东方，在马克思主义的指导下，社会主义由一种理想逐步变为现实。在马克思主义的指导下，世界上第一个社会主义国家苏联诞生了，而十月革命的一声炮响，又给我们送来了马克思列宁主义。可以说，没有马克思及其学说，就没有俄国十月革命，而没有俄国十月革命的一声炮响，就没有中国共产党，而没有中国共产党，也就没有新中国，也就没有今天繁荣昌盛并日益显现世界意义的中国特色社会主义。

斯人已逝，理论长存，伟业长存！纪念并非目的本身，200年后的纪念是为了更好地继承、更好地继续前行。今天，中国共产党是马克思及其学说、事业最为忠实、最为出色的继承者与发扬者。进入新时代的中国共产党人不忘初心、牢记使命，以习近平新时代中国特色社会主义思想这一马克思主义中国化的最新成果为指导，坚持以人民为中心的发展思想，致力于谱写中国特色社会主义的新篇章，致力于实现中华民族的伟大复兴，致力于满足人民日益增长的美好生活需要，致力于对人类做出新的更大贡献。可以说，马克思主义的真理性和强大生命力在当代中国已经得到并将继续得到充分体现和有力证明。正如习近平总书记指出的："我们要以更加宽阔的眼界审视马克思主义在当代发展的现实基础和实践需要，坚持问题导向，坚持以我们正在做的事情为中心，聆听时代声音，更加深入地推动马克思主义同当代中国发展的具体实际相结合，不断开辟21世纪马克思主义发展新境界，让当代中国马克思主义放射出更加灿烂的真理光芒。"

2018年4月12日

谦受益，满招损[①]

一定要有对发展阶段、发展成就、发展问题的清醒认知与定位。四十年改革开放，成就巨大，但与发达国家比，在某些方面我们的差距还很明显。

高等教育是一个国家教育实力的综合体现。从世界大学排名来看，中国顶尖高校的整体实力远不如美国。近三年来，中国平均每年有32所高校入围世界排名前1000高校名单。2017年最多，有39所，排名最靠前的清华大学，位列名单第25位；而美国平均每年有152所大学入围，2017年高校数量达157所。中美高等教育之间的巨大差距有历史原因，冰冻三尺非一日之寒，中国教育水平想超越美国仍有很长的路要走，为山九仞，

① 此微信是阅读网络文章《中美经济对比：差距要比想象大得多》有感而写。

岂一日之功。

四十年后，改革由粗放走向细致，旧疴新疾，改革再出发；开放由初步到深化，内促外融，开放新升级。

当年邓小平同志开始改革开放固然不易，今日深化改革开放也不易。

2018 年 2 月 26 日

从文体学和修辞学角度看《共产党宣言》①

广云老师这篇文章颇有新意，从文体学与修辞学角度研究《共产党宣言》。确实，《共产党宣言》不是严谨的学术论文，而是针对大众的宣传——类似于面对面的演讲。《共产党宣言》的写作预设了听众（包括无产阶级、普通民众、对手与敌人、后世之人等所有可能的受众）在场，理解这一场景至为重要。

这种宣传场景决定了两点：

第一，正因为是大众化的宣传，所以考虑到效果、照顾到民众的水平，《共产党宣言》有很多简单化的判断、简洁的表述，语言也具有美文学色彩，文字激扬、情感热烈、情绪饱满、气势磅礴。

第二，正因为是宣传性的党纲，所以除了要有情绪鼓动外，还必须以简单、明确、直接、强大的逻辑服人。这种逻辑服人的关键是让民众相信：我说的是真理。马克思手握乾坤，在高

① 此微信是阅读程广云先生文章《〈共产党宣言〉的修辞和逻辑——从文本学研究到文体学研究》有感而写。

高的讲坛上讲述真相，阐明真理。特别核心的一点在于，马克思是以历史规律的必然性名义发言的，这对于普通民众而言具有极强的宣传效果。马克思是历史规律的化身，《共产党宣言》是历史规律的宣示。无产阶级只要努力奋斗，一定会得到解放，会翻身做主人，这是历史规律，是必然会实现的。这种宣传的效果不得了！

在《共产党宣言》戏剧化效果的宣传中，资产阶级与无产阶级作为两个演员你方唱罢我登场。马克思既高度赞扬资产阶级的历史作用，又指出资产阶级必然灭亡，还强调了资产阶级的掘墓人是无产阶级。可以说既有赞歌，也有挽歌，还有战歌。

在对社会主义各流派的分析中，这种戏剧化的对比效果更明显：留恋过去的是“反动的社会主义”，改良现状的是“保守的社会主义”，面向未来又不切实际的是“空想的社会主义”。阶级分析与历史时期、时间维度相结合，非常有意思。这是不是可以从历史唯物主义的分析方法角度去理解呢！

2018年2月24日

《共产党宣言》中两种不同的世界秩序图景

在《共产党宣言》发表170周年之际，由本人主编的“马克思主义经典著作研读系列”（16本）由中共中央党校出版社出版。其中，本人修订出版了《〈共产党宣言〉导读》一书。

近日再读《共产党宣言》，有一个并不太新的小体会。马克思恩格斯在《共产党宣言》中实际上揭示了两种不同的世界秩序图景：一个是近现代以来由资本主义所推动形成的全球化秩序图景，一个是作为“世界历史性存在”的共产主义的秩序图景。这两种图景虽然都是全球性的，但性质根本不同。资本主义全球化遵循的是资本的利润逻辑，而共产主义全球秩序追求的则是整个人类共同发展、同舟共济、利益共享、和谐相处的“自由人联合体”。“全世界无产者，联合起来”的任务就是要改变资本主义的世界图景而实现共产主义的世界图景。今天我们党提出的“人类命运共同体”理念就很大程度上吸纳了共产主义的价值思维，就是要以体现共产主义方向的价值方案批判、改变资本主义主导的世界格局，破解人类所面临的共同挑战，推动构建理想而公正的世界秩序。这一努力也是信仰共产主义的共产党所应该做的。今天来看，《共产党宣言》所指出的两种世界秩序之间的变迁与演进是大的历史趋势。

2018 年 1 月 12 日

讲好中国故事必须解决“挨骂”问题[①]

这篇文章的主要依据是旅法资深媒体人郑若麟先生的观点与亲身经历。2017 年 11 月份在中宣部举办的第四期“讲好中

① 此微信是阅读网络文章《以往“中国孩子看不见蓝天”，法国人对中国的无知令人发指》有感而写。

国故事”专家研修班上，曾听过郑若麟先生授课，颇受启发。他重点讲了西方媒体特别是法国媒体对中国普遍性的歪曲报道以及法国某些精英对中国的僵化认识。

一百多年来，西方惯于居高临下地看中国。一开始我们落后积贫积弱被他们瞧不起，后来西方又妖魔化社会主义。很多西方民众对现在的中国不了解，西方某些精英也是充满无知、傲慢与偏见。在他们的思维中，他们代表的就是真理和正义，因此高高在上，指手画脚，成见深入骨髓，根深蒂固，错误认知，歪曲报到，负面评价，有时甚至是有意为之！

这次法国总统马克龙访华，也谈到要改变对中国的成见，认识到中国的发展是一个机遇。这一方面说明马克龙还是解放思想，实事求是的，另一方面也反映出在法国乃至整个西方对中国的成见与误解之久、之深、之普遍。

在这种情况下，我们必须要推进国际传播能力建设，讲好中国故事，传播好中国声音，塑造、宣传正面的中国形象，切实解决好“挨骂”的问题。尽管难度很大，问题解决也具有持久性，但是不做不行。

2018 年 1 月 2 日
使命型政党的“生死伦理”

使命型政党对于人民群众的“生死伦理”与“责任逻辑”，在“老三篇”特别是《为人民服务》中得到了集中体现。

“人总是要死的，但死的意义有不同。中国古时候文学家司马迁曾说过：‘人固有一死，或重于泰山，或轻于鸿毛。’从为人民利益而死的，就比泰山还重；替法西斯卖力，替剥削人民和压迫人民的人去死，就比鸿毛还轻。张思德同志是为人民利益而死的，他的死是比泰山还要重的。”

“中国人民正在受难，我们有责任解救他们，我们要努力奋斗。要奋斗就会有牺牲，死人的事是经常发生的。但是我们想到人民的利益，想到大多数人民的痛苦，我们为人民而死，就是死得其所。”

“生死伦理”……经典还有很大的解读空间，等待着我们的视域融合。

2017 年 12 月 3 日

把“进化”称为“演化”可能更合适一些[①]

真心感觉此文章《关于进化论，你理解的可能都是错的》不错！

人们对进化论往往存在极大的误解：进化是由低级到高级、从简单到复杂发展的。事实上，环境在随机变化，进化根本不存在方向，也没有终点，一切都是随机的，在此过程中甚至会有“倒退”和“反复”，就像一棵树的无数分枝，很难说哪个高哪个低。

不能把进化简单理解为线性的由低到高的过程，进化在某些方面未必是进步的，在某些方面谈不上进步谈不上倒退，

① 此微信是阅读网络文章《关于进化论，你理解的可能都是错的》有感而写。

进化只是一种变化而已。把“进化”称为“演化”可能误解会更少些。

人类历史也是，不能把人类历史简单理解为一个由低到高线性发展的过程。这种对历史的理解主导了我们长期的思维，但是并不完全准确。历史在某些方面是进步的，但在某些方面谈不上进步，也谈不上退步。对历史发展抱有一种崇高乐观的进步信念，固然十分可贵，但在多大程度上是否符合历史本身很难说。因为那是一种逻辑的推演，并不会完全符合历史事实本身。至于对生命意义的体悟，古人未必然弱于今人。

2017 年 11 月 19 日

严肃的不可知论将长伴人类社会

现在我认识到，任何理论到最后都会接近不可知论！这是因为，任何理论体系都有其立论的原理或最终依据。这个最终原理或称公理是整个理论由之出发的前提，是不能再论证的。那么这个公理再往下或者往前推演呢？对于这个理论体系来讲就是不可知。人的认知确实是存在广大的黑暗之域的。

人类的努力在一步一步拓展可知的范围，但一种严肃的不可知论也会长伴人类社会，比如宇宙，比如历史，比如人生，人类揭示的只是冰山一角而已。诚如苏格拉底所言：自知其无知。

2017年11月3日

列宁对知识分子类型的划分

近日细读列宁的著作，感觉他把知识分子分为三种类型：

一是认识到历史规律，投身到无产阶级阵营中的，原属于资产阶级的知识分子，如马克思恩格斯，他们掌握规律，把握真理，顺应趋势。由于无产阶级绝大部分缺乏知识，这部分知识分子就成为了无产阶级的精英和灵魂。换言之，无产阶级本身产生不了正确的思想，内部产生不了自身的灵魂。仅靠无产阶级推翻不了资本主义，推翻资本主义的是这部分原成分属于资产阶级的知识分子 + 无产阶级，是两者的合力。这部分知识分子作为领袖与导师高居于无产阶级之上。科学社会主义是知识领袖与普通工人共同的事业。不了解这部分知识分子的地位、作用与自我意识，就不可能了解科学社会主义。

二是无产阶级的知识分子，即出身工人但通过自身奋斗或者恰好有机会掌握了知识的一少部分群体。这部分知识分子人数很少。

三是资产阶级知识分子。列宁把除前两者之外的知识分子差不多都归到这一类。在列宁看来，这部分知识分子自由散漫，倾向改良，缺乏组织性纪律性，老想追求自主，是无法适应共产主义政党的。这部分知识分子人数众多，不是思想被改造为无产阶级思想，就是有害于无产阶级的事业。细读列宁的著作，可以看出他对这部分知识分子的冷嘲热讽。这也不难理解，与无产阶级精英思想认识不一致的知识分子皆需要被改造，无产阶级思想必须保持纯洁性与一律性，而决不允许杂多、混乱与分歧，不然组织就没有凝聚力与战斗力。

这三种知识分子类型的划分非常有意思，值得深入思考！

2017 年 10 月 31 日

为什么要读书？①

为什么要读书，举个例子，当你看到“雪打柿子”，你的脑海里浮现的应该是“秋去冬来万物休，唯有柿树挂灯笼”，而不是“卧槽，快看！嘀溜当啷的真好看”。

2017 年 9 月 29 日

马克思主义中国化研究必须做实

越读书越觉得现在马克思主义中国化研究的单薄。如果缺乏其他学科背景的支持，尤其是历史和文化的视野，马克思主义中国化就很有可能沦为单纯的政策诠释。而在现在的研究中，社会史、经济史、思想史、政治史的视野都有不同程度的匮乏，这不能不让人担心。如果马克思主义中国化局限于高校思政课的教学或者文件的诠释，研究不细化、不具体、不扎实、不做基本功，总是大而化之、笼而统之，尽管有学科之名，也很难有学科之实！

---

① 此微信是阅读文章《【温故知新】唐诗的美丽》有感而摘录。

2017年9月16日

马克思主义研究学术与思想的双重匮乏

现在中国的马克思主义理论研究，学术与思想几乎同等匮乏，思想更甚！

学术是指扎实的基础、严格的论证、清晰的逻辑、规范的阐述、流畅的行文、明确的结论。这种学术性是研究所必须的。而现在的马克思主义研究领域很大程度则是宏大叙事、语词重复、论证不透、逻辑不清、结论直白。很多文章，几乎分不清是专家写的还是非专业者所写。

思想的缺失当然更为严重。换句话说，很多研究者没有个人的创见。当代中国有多少思想家呢？有多少令人耳目一新的观点呢？这是一个呼唤思想创新的时代，但研究者创新思想的产出却很困难。这个问题需要深入思考！

2017年8月30日

当代中国意识形态的谱系[①]

此文中提到了中国强大甚至有些泛滥的民族主义。确实，民族主义是当前中国意识形态谱系中的重要一支。

我感觉，当前中国主流意识形态是三元混合的产物：一是中国共产党自建党以来就接受的马克思主义及其中国化的系列

---

① 此微信是阅读郑永年文章《如何看待中印洞朗对峙的结局？》有感而写。

成果。二是近现代以来在外部冲击下逐渐形成的民族主义，包括对中华民族主体性的认知，对中华优秀传统文化的弘扬，对中华民族命运的深刻体认与内在关注等。至习近平总书记提出“中华民族的伟大复兴”，将这一民族主义意识形态提到一个新的高度。三是哈贝马斯意义上的“宪法爱国主义”，即在现代政治文明视野中，公民对于保障维护自己权利的国家公权力系统的认可与支持。公民的爱国是因为国家在宪法政治中确认、实现与维护了公民的权利与社会的公益，维权（利）与限权（力）的宪法即是公民与国家之契约。“宪法爱国主义”关系到政治权力现代意义上的合法性问题。

马克思主义（包括其系列发展成果）、民族主义、“宪法爱国主义”构成当前主流意识形态的三大支柱。马克思主义是共产党的指导思想，决定了共产党的产生与存在，是主流意识形态之魂；民族主义表明了中国共产党是中华民族的先锋队，是主流意识形态之根；“宪法爱国主义”则说明政权的合法性不能总是依靠“历史的选择”之类的单调叙事，而必须在现实中切实保障民权，推进民治，这是当前主流意识形态之要！

2017年8月28日

现代社会中戏曲之命运：困境与希望①

随着中国市场经济的建立与完善，中国社会日益成为现代社会，表现出越来越明显的现代性特征。在这样一个社会中，

① 听京剧有感，撰此小文。

作为传统艺术的戏曲之命运如何呢？对于戏曲的命运，一种流行的说法是，传统的戏曲虽有改革且得到国家大力支持，但会因难以适应现代性的快节奏而面临尴尬之境地。“一句话能咿咿呀呀几分钟的唱腔，陈旧的唱词，现代快节奏追求新潮的年轻人怎能接受？”这种观点将快节奏视为现代社会的重要特征，并认为戏曲必将因难以适应这种快节奏的生活状况与心理定式而陷入困境。一句“快节奏”能概括现代社会的特征全貌吗？戏曲是否将因赶不上现代的快节奏而为时代所弃？这就需要我们用一种辩证的眼光来看待现代社会，分析以市场经济为基础的现代社会对人们生存影响的不同方面。只有全面而辩证地认识问题，我们才能对现代社会中戏曲之命运得出最后的结论。

一

现代社会的经济基础是与自然经济相对的市场经济。市场经济本身以“经济人”为基本的人性设定，以利益的最大化为行为的基本动机，以效率为基本的行为规则。面对有限的自然与社会资源，传统的田园牧歌式的生活已经一去不复返，“天下熙熙，皆为利来”“天下攘攘，皆为利往”，以最快的速度谋求最大的利益成为现代人的共识。由此，快节奏作为现代性的一个重要面相得以凸显。在这样一种快节奏的竞争形势中，每个人都被迫投身于谋划与计算，人不是为自由发展而工作，而是为生存而工作。在这种情况下，效率成了衡量发展的重要标准，而快节奏则成了人之生活的重要特点。在很多情况下，这种工作与生活方式似乎使人不可避免地成为了一架社会机器上高速运转的零部件。

这样一种行为方式与观念创造了大量的社会财富，使相当多的人在物质上富有，正如马克思所指出的：作为现代社会最初代表的资产阶级“在它的不到一百年的阶级统治中所创造的生产力，比过去一切时代创造的全部生产力还要多，还要大。”但是财富的唤起伴随的是现代人身体、心理与精神的多重折磨：效率引发了现代人生活的快节奏，也引发了现代人的“快节奏综合征”。医学心理学认为，快节奏会使人产生一系列生理上的不适，这种生理不适并不表示身体存在着某些器质性病变，而是由于精神长期处于紧张状态，使中枢神经和自主神经系统功能失调，出现类似于“神经症”之类的症状，如神经性头痛、神经性呕吐、神经性厌食等。长期处在快节奏中的人，大脑的活动也就经常处于连续的、快速的状态中。应接不暇的生活与工作使大脑得不到应有的休息和复原，精神压力过大，心理上也往往产生紧张、沉重、不安和忧虑感。在精神上，人们的价值迷失了，生活的内涵消失在单纯的逐利活动中。毋庸讳言，这样一种基于市场的现代性造成了现代人物质与精神的内在紧张，它使人们无暇顾及生活的意义。其实，对于现代社会中人的生存，思想家们从未停止过反思与批判：人类仅仅是一种经济动物吗？生存本来就应是快节奏的吗？休闲难道不是人的一种本真性的存在方式吗？

按照这样一种以效率为本、追求工具价值的社会行为模式，作为休闲方式来陶冶情操、提升品位、体现个体自由爱好的戏曲必然就会受到排斥。纯粹欣赏性的戏曲既不能带来相当的经济效益，又无法与同市场相合拍的大众流行文化相一致，在一定程度上、一定范围内被冷落几乎是必然的。当然，这其中也有戏曲自身的原因，比如表演老套、剧目创新力度不够等，但根本的原因则是现代社会中人的生存往往被化约为物质财富的迅速累积与增值，而人的全面发展的维度则被忽略或遮蔽了。戏曲作为一种富有品味的休闲手段与人们完全追逐利益而忽视自身自由情趣的社会行为模式是不相符合的。

二

但是，快节奏并不是现代社会的唯一特征，市场经济在造就人们效率思维的同时，还通过极大地推动生产力的发展而大大增加了人们可自由支配的时间。而且，在市场经济阶段，人作为历史的主体不仅为谋利所驱动，也形成了马克思所讲的“多方面的需求以及全面的能力的体系”。自由时间的增多与需求的发展，这两方面的原因使得闲暇在现代人的生活中占据了越来越重要的地位。确实，随着科学技术的迅猛发展和社会文明程度的提高，人类逐渐从繁重的体力劳动和贫困的生活状态中解脱出来，有了更多的自由时间，闲暇日益成为人们的重要生活内容和一种重要的存在方式，以致有人将21世纪称为“休闲社会”。现代社会不仅孕育了快节奏的效率思维，也孕育了自由休闲的意识与品位。深受物质功利之累的现代人需要在生存重负之外，在效率追求与利益获取的行为模式之外寻找一种自由的慰藉与心灵的解脱，而戏曲的命运正是与闲暇休戚相关的。

一般而言，闲暇是指人们在参加或完成了社会规定的劳动和一定的家务劳动之外，用于娱乐和休息的余暇时间。在此过程中，个体可以充分享受精神上的自由。在西方，早在古希腊时期，亚里士多德在其《政治学》和《形而上学》中就专门论及闲暇对人生发展的意义，将其规定为一种自由理性的活动。在我国古代，著名的教育论著《学记》早在两千多年以前也提出了“藏、修、息、游”的教育思想，主张人的教育应当将敬德修业和休闲娱乐结合起来，以获得全面和完整的发展。当代社会学者 Dumuzedier 指出：“所谓闲暇，就是当个人从工作岗位、家庭、社会所赋予的义务中解放出来的时候，为了休息，为了散心，或者为了培养并无利害关系的知识和能力，自发地投身于社会，发挥自由的创造力而完全随意进行的活动的总体。”这一定义与把闲暇单纯看作闲工夫的观点不同，它赋予闲暇以个人自觉的、积极的、花费主体时间的意义。从生存论上来考察，这一定义实际上突出了闲暇的三个最根本的特征：自由性、个人性和情感性。所谓自由性是指闲暇时间是非劳动时间，没有他律性、强制性，而成为人类渴求和实现自由、舒张身心的最重要的补偿渠道。在闲暇时间里，人的自由意识得到了最淋漓尽致的表现和满足。所谓个人性，是指作为可以按照自己的意愿自由支配的时间过程，它不仅能把人从一种规范性、程序性的规约中解放出来，而且使主体最充分自觉地体验和认识到自己是自己的主人。所谓情感性是指人们完全可以按照自己的情感趋向，步入一种自由的情感生活世界，焕发出一种新的感性状态和生命活力。

在马克思看来，休闲是人的生命活动的组成部分，是社会文明的重要标志，是人类全面发展自我的必要条件，是现代人走向自由之境界的前提，是人类生存状态的追求目标。人类想要获得自由，首先必须赢得休闲时间。因为，按照发展的眼光来看，“自由王国只是在由必需的和外在的目的规定要做的劳动终止的地方才开始，因而按照事物的本性来讲，它存在于真正物质生产领域的彼岸”。“衡量财富的尺度将由劳动时间转变为自由时间，因为增加自由时间即增加使个人得到充分发展的时间。”“自由时间，可以支配的时间就是财富本身。”概言之，休闲是人的一种存在方式和生活方式，是人的价值存在的一种表现形式，是人的本体论意义之所在。享用休闲，是人生的艺术和境界。

包括戏曲在内的艺术的价值是在自由时间内得到展现的。在传统社会中，戏曲正是在劳作之余才成为了人们的一种摆脱物役，享受自由的艺术形式。在当代社会中，戏曲的领地主要是在老年人与部分知识分子中，之所以如此，一个很大的原因就在于这部分人享有很大的闲暇。只有在闲暇中以审美的眼光来看待戏曲，才能发现这种艺术形式的魅力所在。戏曲的发展与复兴必须以社会的整体闲暇时间的增加为前提，而这种闲暇绝不会是快节奏的，毋宁说它是相当慢节奏的。工作与闲暇的快与慢构成了人生存的张力，形成了一种辩证的统一关系。单纯的快节奏是无法充分展现人生悠扬的美学底蕴的，它使人根本无暇审视艺术之美，更毋谈接受它了。

由上可知，仅仅根据现代社会的一个面相——快节奏，就认为戏曲的发展必陷困境是片面的。现代社会不仅仅生成了快节奏的行为方式与思维模式，还唤起了人们自由全面发展的需求，并且给予了人们越来越多的闲暇时间。以历史的眼光观之，随着人们物质生活水平的提高，人们的精神文化需求与闲暇的增加，戏曲作为艺术形式之一种必会在自身的不断改革中获得更大的发展，成为越来越多的人们审美和愉悦的对象。概言之，现代社会在使戏曲的发展遭受挑战的同时，也孕育着戏曲进一步发展的契机。现代社会对于戏曲的发展影响展现的是两面，而这种两面归根到底体现的是历史与社会本身对人的发展所具有的辩证性质。

2017 年 8 月 14 日

跟班式研究不可取[①]

跟班式研究、热点式研究在很大程度上都是误己误国。

学术研究应该有冷点与热点之分吗？一有所谓学术热点，很多人一哄而上，泡沫飘飞，学术垃圾盛行，等到有了新的热点，旧的热点的研究者马上就一哄而散，作鸟兽散。难道学术研究不应该有一贯的问题与固定的方向吗？一定要围绕所谓的热点转吗？这些年见的多了，总感觉不太正常！

什么时候国内的人文研究不再盲目追随热点了，踏踏实实，真正能够冷静下来了，创新的希望就大大增加了！

① 此微信是阅读文章《中国科研危机：跟班式科研，误己误国》有感而写。

2017年7月19日

绝妙十字令[①]

一朝别后，二地相悬。

只说是三四月，又谁知五六年？

七弦琴无心弹，八行书无可传。

九连环从中折断，十里长亭望眼欲穿。

百思想，千系念，万般无奈把郎怨。

万语千言说不完，百无聊赖，十依栏杆。

重九登高看孤雁，八月仲秋月圆人不圆。

七月半，秉烛烧香问苍天，

六月三伏天，人人摇扇我心寒。

2017年7月11日

马克思对共产主义性质的三重规定

“什么是社会主义”始终是现实社会主义国家建设与发展所关涉的根本性理论问题。要弄清这一问题，首先需要正本清源，看看马克思是怎样从源头上论述共产主义、分析共产主义性质与特点的。基于马克思的理论阐述，结合现实社会主义的实践探索，对于社会主义本质问题就可以形成更为完整准确的理解。实际上，正是在不断深化认识过程中，我们把中国特色

① 此微信是阅读文章《绝妙十字令，感受不一样的美》有感而摘录。

社会主义推向新境界。

依据经典文本，马克思对共产主义的性质实际上有三重规定。

价值规定：每个人的自由全面发展与社会关系的优化和谐。共产主义作为一种社会理念之所以具有强大的吸引力，就在于它科学地展示了一个人人都可以自由幸福地生活，并且社会成员之间能够相互促进对方发展与幸福的和谐图景。在共产主义社会中，每个人都成为自己生活的设计者，都可以自由选择，从而真正成为有个性的人。马克思曾对这种生活进行过描绘。在这种生活中，个体所体验到的必将是一种自由发展的快乐与深沉持久的幸福，并且这种幸福的感觉将是普遍性的，原则上可以为每一个社会成员所体验与感受。当然，在共产主义社会中，个体的发展与幸福不可能脱离他人而纯粹自我求得，正如《共产党宣言》明确指出的，“代替那存在着阶级和阶段对立的资产阶级旧社会的，将是这样一个联合体，在那里，每个人的自由发展是一切人的自由发展的条件”。个体的自由发展与普遍幸福、社会关系的高度和谐与全面优化是共产主义的价值追求，也是共产主义作为一种社会形态在价值规定上与以往社会的根本区别。这种个体自由全面发展基础之上的普遍幸福以及社会的普遍和谐是共产主义的根本价值规定。这一价值规定奠定了科学社会主义思想的价值基调，也提供了判断现实社会主义建设与发展成效的根本价值尺度。现实社会主义虽与共产主义的理想之境有距离，但在历史情势所提供的可能范围内，努力实现社会关系结构的合理化，推进个体的自由全面发展与幸福仍是社会主义不可推卸的责任和使命。社会关系结构的优化与否及其程度，社会成员发展、幸福与否及其程度，应是衡量现实社会主义发展成效的核心尺度或元尺度。

物质规定：社会生产力的高度发达。马克思认为，要达到这样一种个体自由全面发展与社会成员共同幸福的理想之境，社会生产力必须高度发达，包括物质产品在内的各种产品必须极大丰富。生产力的发达与产品的丰富不断满足着人们日益增长的各种需要，使得社会必要劳动时间大为缩短而自由时间日益增多。自由时间就是人自由发展的空间，而自由的劳动则为每个人提供了全面发展和表现自己各种能力的机会。如果说个体自由全面发展与社会成员的共同幸福作为共产主义的价值规定，体现了人的尺度，那么，生产力的发达与各种产品的丰富作为共产主义的物质规定，则体现了物的尺度。在共产主义社会，就个体与人类的幸福而言，这两种规定、两个尺度是高度统一的：就物质基础而言，生产力的高度发达与产品的极大丰富，无疑是那种高度和谐幸福生活的保证与前提；就价值而言，那种高度和谐幸福的生活则为生产力的发展定下基调，明确方向。因此，现实社会主义在发展中必须高度重视与切实实现物的尺度和人的尺度的统一。

制度规定：纯粹的公有制和计划经济。马克思认为，共产主义社会生产力的发达与产品的丰富建立在对资本主义私有制扬弃的基础之上，尤其在过渡阶段，“……私有制也必须废除，而代之以共同使用全部生产工具和按照共同的协议来分配产品，即所谓财产公有”。

如果说社会成员的发展与幸福是共产主义的价值规定，生产力的发达与各类产品的丰富是共产主义的物质条件规定，那么“共同使用全部生产工具和按照共同的协议来分配产品”

则是共产主义在经济制度方面的规定。在马克思那里，对于共产主义而言，制度规定、物质规定与价值规定是内在统一的,统一于每个人的幸福发展与整个社会的和谐共生。换言之，在这三种规定中，制度规定服务于物质规定，而物质规定又最终服务于价值规定，这是在分析共产主义理念时应予以注意的。

现实社会主义国家建立之后，首要的问题就是根据经典作家的经典论述进行国家制度的建设，以显示新兴社会主义区别于资本主义的特性。经济方面，参照马克思有关共产主义及其过渡时期各种制度措施的论述，社会主义的本质被归结为单纯公有制、计划经济与平均分配“三位一体”的制度结构。当时认为，坚持了这一结构就是坚持了社会主义。这种结构式理解的一个深层原因就在于，当时人们在思维的无意识中将马克思针对经济制度的规定等同于生产发展的必然性本身，等同于人民的发展与幸福本身。如上所述，在共产主义的理念中，制度规定、物质规定与价值规定是内在统一的，但是脱离这样一种逻辑上的理想语境，现实社会主义建设与发展到底该采用何种经济制度模式却并不是已然明了的。历史教训表明，对社会主义本质的这种制度论理解并不能持久有效地推动生产力发展，最终反而具有巨大的阻碍作用。既然如此，对于现实社会主义而言，要显示社会主义的优越性，是继续保持僵化的经济结构模式，还是寻求新的经济结构模式以发展生产力并进而在此基础上推进社会成员的发展与幸福？换言之，是取共产主义的制度规定，还是取共产主义的物质规定与价值规定？中国特色社会主义选取了后者。改革开放以来所取得的一系列伟大成就表明，从生产力发展的角度来理解社会主义比单纯从经济制度的僵化规定来理解社会主义，更接近于马克思主义的精神实质，在对社会主义本质的理解上前进了一大步。

但是必须看到，生产力的发展并非社会主义本质最为根本的维度。现实社会中，随着改革的愈益推进，过于侧重生产的发展方式本身催生了各种各样的矛盾与问题，比如环境污染、社会不公、利益矛盾等，引发了人们的持续思考。现实问题使我们认识到，生产力的发展虽然与人自身的发展相关，但并不等于人的发展的本身与全部。我们不能为变革而变革，不能为生产而生产，这些都不是目的本身，而是在一定历史条件下推动每一位社会成员更好发展的条件与手段，条件与手段应该服从并服务于目的才对。由是，在反思的基础上，个体的发展与幸福以及社会关系的和谐，作为发展的根本性目的终于为人们所深刻认识，以前被制度维度与生产力维度所遮蔽的人的维度终于从幕后走到台前，以人民为中心的发展成为必然要求与价值共识。这实际上是对社会主义本质更深一层的理解。

概言之，改革开放以来，我们对社会主义本质的理解经历了两次转型：从教条的经济制度转向生产力的发展再转向人的发展与幸福。这两次转型实际上就是我们的认识一步步突破马克思对共产主义的制度规定达到生产力发展的物质条件规定，再突破生产力发展的物质条件规定达到最深层价值规定的过程。也正是在这渐进的认识转型中，在这现实与理论的相互碰撞中，我们对社会主义的认识不断深化，中国特色社会主义的发展得以不断迈向新境界。

2017 年 7 月 10 日

如此抒情的元曲[①]

还有如此抒情的元曲，叹为观止！

折桂令·春情

平生不会相思，
才会相思，便害相思。
身似浮云，心如飞絮，气若游丝，
空一缕余香在此，
盼千金游子何之。
证候来时，正是何时？
灯半昏时，月半明时。

2017 年 7 月 9 日

毛主席的书我最爱读

毛主席的书我最爱读，甚至读千遍、万遍也愿下功夫！毛主席的书，语言通俗，道理深刻，有人生感悟，对问题毫不回避。

毛主席讲："我想同志们中间可能也有多多少少受过冤枉受过委屈的。对于那些冤枉和委屈，对于那些不适当的处罚和错误的处置……可以有两种态度。一种态度是从此消极，很气

① 此微信是阅读文章《恋上最美的元曲！》有感而摘录。

愤，不满意；另一种态度是把它看作一种有益的教育，当作一种锻炼。你晓得，这个世界就是这么个世界，要那么完全公道是不可能的，现在不可能，永远也不可能。我是这么看，也许我比较悲观。”

毛主席讲：“现在几十只手插到地方，使地方的事情不好办……报表之多，闹的泛滥成灾，这种情况必须纠正。”

毛主席讲：“我在见到斯大林之前，从感情上说对他就不怎么样。我不太喜欢看他的著作……他写的关于中国革命的文章我更不爱看。他和列宁不同，列宁是把心给别人，平等待人，而斯大林则站在别人的头上发号施令。他的著作中都有这种气氛。我见到他以后就更不高兴了……我曾写过一些歌颂斯大林的文章，一共三篇……延安的那篇文章我抛掉了个人感情，把他当作社会主义国家的领袖，那篇文章还比较有生气，其他两篇不是出于内心意愿而是出于需要。人的生活就是这样矛盾的，感情上不愿意写，但理智上不这样不行。”

2017 年 4 月 14 日

研究领域必须聚焦

这些年从事学术研究，关注领域颇多，比如政治哲学、社会学、宪法学、西方马克思主义、马克思主义中国化与当代中国改革问题。对这些领域的把握有的精些，有的粗些，最近这半年才有逐渐打通的感觉。沿着这些领域探索，我逐渐将研究汇集在两大问题上：中国共产党作为一个使命型政党的运作逻辑（包括建党逻辑、治党逻辑、建国逻辑、治国逻辑）；社会主义的理论逻辑、历史逻辑及其谱系。

这两大问题在当代中国涉及以上各个研究领域。如果不了解中国共产党的运作逻辑，不了解社会主义的历史逻辑与理论逻辑，关于中国的任何研究就都不可能真正深入，就无法比较有效地打通各个研究领域。可以说，“中国共产党”与“社会主义”构成当前中国任何理论研究不能回避的两大关键词。这两大问题之根源性是我多年来理论研究逐步探索的认识结果。

今后，我将集中学术精力对这两个问题进行较为深入的研究，真正出点成果！

2017年3月31日

“专业门槛太低”[①]

这篇圈内人自己评价当前中国国际关系研究的文章很犀利，也很耐人寻味。

作者文字辛辣。“尽管能享受极丰富的曝光机会和相对充裕的研究经费，但许多国际关系专家圈子感到十分郁闷的是，这个专业门槛太低，北京的出租车司机、公园老大爷、朝阳区大妈等广大人民群众对国际问题也往往讲得头头是道，尤其是北京出租车司机常常被国际关系专家视为具有相当威胁性的竞争对手。”

① 此微信是阅读李江文章《为什么中国国际关系看起来那么水？》有感而写。

想想我马克思主义中国化领域，竟不觉也有此感。什么人只要扯几句马恩原话，讲几句领导人讲话，俨然就是专家。其实，有些所谓专家的水平和跳广场舞的大妈、看门老大爷，尤其是北京著名的出租车师傅没啥大的区别，太水了！在这篇文章中，作者指出不能只搞大理论（这在国内很流行，宏大叙事），而要注重中观理论，尤其要有预测能力。我觉得说得很好！马克思主义中国化如果只会回顾过去的历史，解释现在的文件，而没有能力对现实重大问题和未来进行预测，那几乎就是失败的，没有多大价值，没有打通内在逻辑！我一直也是如此认为的！

2017 年 3 月 11 日

共享单车，国民素质的照妖镜①

共享单车，确实是国民素质的照妖镜。乱扔、乱放、毁坏，想尽办法不让他人使用……其实，不单是共享单车，很多共享之物在当代中国都是这个命运。这具有很大“公地悲剧”的性质。共享单车这款照妖镜照出了当前很多人自私自利、公德缺失，为一时私利不择手段、不计后果，缺乏现代契约意识的劣根性，归根结底照出了一个大大的“私”字！

这样劣根性的人如果说爱国的话，只能是一种虚伪的爱国主义，乌合之众的情绪式的发泄，不加控制的话就是爱国口号下的打砸抢烧。可以想一想，连公共利益都不懂尊重与维护的人，连正常契约意识都缺乏的人，连同胞合法财产都

① 此微信是阅读文章《共享单车，一面国民素质的照妖镜》有感而写。

不尊重的人，怎么会去深刻地爱由广大同胞组成的国家呢？只能是一种群氓式的非理性的、无知的、理解错误的情绪发泄而已！

实际上，如果说真到国家面临危机时，这些自私的人很有可能会基于活命或利益诱惑最先成为“叛徒”。似乎爱国表现最积极的有时往往叛国也最积极，两个极端之间最容易相互转化。我不太相信这些缺乏基本公民素质的人会成为真正的爱国者。有些问题确实需要引起我们的深刻反思！

2017年3月3日
深刻的怀古之词

转清华大学华表教授的词！老兄文采飞扬，思想深刻！

忆帝京·读秦始皇

临潼旷地秦皇墓。
势伟叠层云怒。
用晦数行人，
未见谁凭顾。[①]

① 秦始皇墓位于陕西临潼县东约五公里的下河村附近，坟丘为土筑，经2000年的风雨剥蚀，现存高43米，周长2000米，墓地之高大象征着秦始皇生前煊赫的声势。本句是说唐朝诗人许浑。许浑，字用晦，唐代诗人。他的诗《途经秦始皇墓》对秦始皇墓与汉文帝墓的描写，将汉文帝谦和、仁爱与俭朴，同秦始皇的刚愎、凶残与奢靡作了强烈对比。其诗云：“一种青山秋草里，路人唯拜汉文陵。”诗人别开生面地写出了秦始皇的形象在后人心目中的崩塌，写出了人们对暴君的鄙弃。

更有碣公吟，
感叹聪明误。①

本已论、害民无数。
又今遇、只歌千古。②
铁马八荒，
功勋虽猛，
岂可不恤人民肚。
纵建百代功，
总把苍生负。

——2017 年 3 月 3 日于荷清苑

2017 年 2 月 28 日
韦小宝的拍马神功③

韦小宝虽然武功不高，但混迹官场与社会的功夫着实要在金庸小说中排名第一。单电影《鹿鼎记》中一句“小弟对你

① 这句是说唐代诗人章碣的《焚书坑》一诗写出了秦始皇的自作聪明，“竹帛烟销帝业虚，关河空锁祖龙居。坑灰未冷山东乱，原来刘项不读书”。秦始皇焚书坑儒，书本（“竹帛”）化成青烟消散，企图用焚书的蛮横手段来愚化民众，然而指望依仗武力维持“万世基业”，这只是一厢情愿罢了。刘邦、项羽“不读书”，同样也推翻了他的统治。

② 这句说的是当下有些人一味歌颂秦始皇的“雄才大略”，丰功伟绩，却看不到他的残暴不仁，横征暴敛，害民无数。正如李白的《古风·秦皇按宝剑》写的那样，秦始皇穷兵黩武，频征徭役，不恤农事，妄想长生，不过是昙花一现。人民群众才是真正的英雄！鄙人对这种只讲刚猛大业，不关乎百姓疾苦的历史观不能认同。

③ 此微信是阅读文章《金庸小说里谁的武功最高？》有感而写。

的敬仰犹如滔滔江水，绵绵不绝，又如黄河泛滥一发不可收拾……”，文采飞扬，直击人的心灵欲望处，使人不能不舒舒服服受用，一般拍马溜须简直爆弱了！不像有些人拍得毫无意境，直白无趣。

肆

社会微评

社会微评

2018年9月8日

西方的后物质主义发展阶段

中国人的周末和西方的差别很大。我前几年去德国时注意到他们周六日商店几乎不开门，在西方传统观念中，周末和工作不搭边！而中国的周末很多人还是在工作中度过的，各种任务应接不暇，布置任务的部门也没有什么公民休息权利的意识，人就是作为一个完成任务的工具而存在。发达国家已经达到了后物质主义的发展程度，更注重自由时间、闲暇与融洽的人际交往，中国总体还在物质追求的阶段，满足人民日益增长的美好生活需要确实还是努力的目标。我们的现代化程度还是需要进一步提高。

2018年8月29日

作为一种养老机制的“时间银行”①

瑞士的“时间银行”对中国的养老很有借鉴意义。北欧国家确实具有很多的社会主义因素。

“时间银行”是由瑞士联邦社会保险部开发的一个养老项目——人们把年轻时照顾老人的时间存起来，等将来自己老了、病了或需要人照顾时，再拿出来使用。申请者必须身体健康、善于沟通、充满爱心，每天有充裕的时间去照顾需要帮助的老

① 此微信是阅读《瑞士式社会主义让全世界仰望！》有感而摘录。

人，其服务时数将会存入社会保险系统的个人账户内。

2018 年 8 月 26 日

对于滴滴事件不能仅限于道德评判[①]

从道德评判去批评滴滴司机是有道理的，但是不能仅仅限于此；从管理漏洞去批评滴滴公司是有道理的，但也不能仅仅限于此。很多问题要从社会阶层分化与社会结构失衡的角度去看待。

从报道来看，网约车司机属于资源缺失的社会底层，而近年来社会底层违法犯罪乃至刻意报复社会的现象屡见不鲜。前几年某地一个养老院的老年护工因为工资长期被拖欠无法解决而杀死养老院的多名老人泄愤，此外，砍杀警察、砍杀上学儿童等也有报道。社会底层之间由于资源稀缺，内部的竞争也在加剧。这几年多地发生了拾垃圾者之间的内斗案件。我们当然要批评他们道德的问题，但是由于城乡二元、贫富悬殊、经济波动造成的社会底层生存的窘境是不是原因之一呢？这是系统性的风险与结构性的问题。

清华大学的孙立平将底层道德之丧失与他们之间生存竞争之残酷称为“底层的沦陷”。他认为：在社会中贫富差距不断拉大的情况下，底层的沦陷将是一个不可回避的话题，而这个问题首先不是一个道德问题，而是一个社会结构的问题。关键的问题是，我们的公共政策不能只将下层“不出事”作为目标，

① 此微信是阅读文章《滴滴女孩遇害：然而，这不是故事的“全部”》有感而写。

而是要真正改善下层生存的生活环境，使得这里能够成为一个可能比较困苦，但仍然是存在不少生存机会的、有向上流动希望的社会空间。

2018年8月1日
横向监管与保卫社会①

一篇不错的文章！从中兴欺诈被美国制裁，到国内疫苗造假，食品药品安全问题频出，都说明中国企业从大到小普遍存在着严重的造假与诚信问题。这种普遍的问题用道德与良心来解释是苍白无力的，其背后是治理的体制出了巨大的问题。正如黄亚生指出，很多人也已经认识到的：中国体制的一个巨大缺陷就是它大力加强了一个低效率的监管模式——垂直的、纵向的、以政府为核心的监管，同时打压一个高效率的监督模式——横向的、以社会和媒体为核心的监督。纵向监管往往面临上下级信息不对称以及上下级利益相关性等问题，监管效果大打折扣。在这样一种纵向的监管体制下，最高层不强调，问题往往得不到重视，即使最高层强调，问题也未必得到很好解决。最高层对食品药品安全问题实际已经讲过多次了。

这一巨大缺陷是内在的。它实际上反映出了公权力与社

① 这是针对网上黄亚生文章《芯片和疫苗都做不好，是道德还是体制？》一文的评论。文章题目好像是编辑为吸引眼球所加，和文章内容不完全相符，因为文中并没有涉及芯片制造。

会民众的关系问题，反映出了公权力某种程度上对社会参与的排斥与不信任。社会力量无法有效地发挥监督制约作用，无法有效地保护自身。如果仅仅以政府来保卫社会是不行的，因为政府的信息与能力都是有限的，并且非常容易与资本形成利益共同体。政府在保卫社会中要发挥作用，关键还是要用社会本身来保卫社会，相信人民，依靠人民，发挥人民力量。社会的参与与监督不是万能的，但是没有这个是绝对不行的！

再一个，疫苗事件也反映出中国的官员队伍普遍缺乏现代政治文明意识：普遍掩盖真实信息，对问题消极等待拖延，没有主动地引咎辞职，缺乏现代职业伦理。

2018年6月4日

四十年间什么改变了中国

四十年来，改变中国贡献最大者，一是市场经济，二是对外开放，三是赋权于民，四是网络技术。市场经济是中国现代化之真正经济基础，对外开放使中国融入世界发展大潮，赋权于民充分激发调动了民众的积极性与创造热情，互联网特别是自媒体则深深改变了中国的经济、政治、文化、社会等多方面的生态。

2018年5月8日

改革应让人民群众有更充分的权利①

这篇文章具有可读性，不是因为其多么深刻，而是因为其讲到了一些真问题，不空，不像有些宣传文章，全是废话、套话、大话、空话，全是形容词与状语的大量堆积，有些甚至千篇一律，高度重复。

作者讲到一点非常重要，我非常有同感。文章指出："让人民群众有更充分的权利，应当看作改革的一个标准。并且，这一标准，实际涵盖了'三个有利于'标准。党的十一届三中全会后，农村实行大包干，就是让农民群众摆脱诸多束缚，给农民群众更多的自主，更多的选择，进而极大推进了生产力发展，提升了综合国力和人民生活水平。1992年邓小平南方谈话，提出社会主义也可以搞市场经济，也就是给人们更多的经济自由，更多的生产、生活的自由选择，因而使社会生产力得到进一步释放。让人民群众有更多的权利，实际就是实现人的解放，实现人的自由而全面发展，这也是马克思恩格斯在《共产党宣言》中指明的方向和奋斗目标，而自由，也是社会主义核心价值观的基本内容。"

对于中国特色社会主义而言，不仅其开辟形成有赖于公民经济权利的初步确立与逐步赋予，其持续发展也以公民权利意识的不断增强以及争取权利实现的不断努力为内在动力。中国特色社会主义也只有通过对公民权利的自觉确认与有效保障才能够赢得公民广泛而持久的价值认同。

① 此微信是阅读文章《廉政瞭望专访陈剑：改革是为了实现人的全面发展》有感而写。

2018年1月2日

新时代也是一个风险时代①

2017年的焦点事件，巨大的分歧与争议！网络社会、立场多元、价值冲突、认识撕裂。

很多人没有意识到，新时代同样也是一个风险时代，高风险是新时代的基本特征之一。新时代有新的任务与挑战，也有旧的问题与挑战，新老问题盘根错节，不好解决；突发因素与偶然事件难以预测与控制，并具有极强的关联性与敏感性；严重的社会分化在很多领域短时间内难以弥合。党的十九大强调要进行具有许多新的历史特点的伟大斗争。如何有效化解方方面面的风险，谋求最基本的价值共识，毫无疑问是新时代的重大挑战之一。

2017年12月15日

“公民社会”：在理想与现实之间②

自20世纪90年代传入中国之后，公民社会理论一直处于显学位置。“公民社会”原词早期被译为“市民社会”，突出其

---

① 此微信是阅读文章《2017年朋友圈撕裂报告》有感而写。

② 怎样从严谨的学术角度对“公民社会”理念进行分析，是一个十分重要的理论与现实问题。以往的意识形态批判缺乏深度。“公民社会”是一个马克斯韦伯意义上的理想类型，某种程度上并不是一种完全真实的存在。将其视为一种完全真实的存在，是一种未经反思的抽象的浪漫化看法，并不科学。而这正是当前许多人所持的观点。本文写于几年前，经修改发表于《前线》2017年第12期。

经济组织与经济活动的内涵，今天则越来越多地被译为“公民社会”，突出其社会自治与公民权利的内涵。按照当时流行的理解，公民社会是在政府与市场之外的公民自主活动领域，其结构性要素主要包括私人领域、社会组织、形成公共舆论的公共领域、社会运动等。在一些人的看法中，公民社会保障公民权利，抑制国家强权，抵御资本侵蚀，是充满正能量的纯然规范之领域，也是中国改革发展应该积极追求的社会目标。但是，其中有一些前提性、基础性的问题却常常被忽略，尤其是“公民社会”的规范性、纯粹性和实践性问题，需要认真反思。这里结合“公民社会”的主要结构性要素进行分析。

公民社会组织的“非规范性”。社会组织（或称为第三部门、非政府组织、非营利组织）被看作公民社会的核心要素、基础和主体。一般认为，明确区别于政府机构与经济组织，公民社会组织具有民间性、非营利性、自治性、志愿性以及公益性等特点，所从事的是政府和企业不愿做、做不好或不常做的事，提供非垄断性公共物品或准公共物品。其运作与政府相比，更为多样、具体、灵活，与经济部门相比，则关注社会需求，通常把谋求公共利益和提供公共服务当作首要目标。以上认识有一定的合理性，公民社会组织的存在也有其价值。但是，将其过分理想化是不正确的。现在有关这方面的认识恰恰存在这样的问题，好像公民社会组织代表着人世间的真善美，而忽略了现实中其所具有的假恶丑的一面。这种单向度的认识方式既不符合辩证法，也与现实情况有很大出入。实际上，大众对公民社会组织的一般认识与真实情况有很大距离。国外学者的研究列举了非营利组织发展中的九大问题，包括滥用减免特权、名不副实，高工资，行政费用过高，贪污屡禁不绝，不公平竞争，涉足党派政治、变成特殊利益集团，设置骗局引君入瓮，监督与改进第三部门绝非易事等。这些社会组织的“非规范性”特征值得引起关注。

公民公共领域的“非纯粹性”。公共领域被认为是公民社会的重要组成部分。按照哈贝马斯的界定，所谓公共领域介于私人领域和政治系统之间，某种接近于公众舆论的东西能够在其中形成。公众通过在这一领域的自主参与和平等交往形成公共意志和公共观点，自由、理性、开放和批判性的讨论构成公共领域的基本特征。在当代，各种媒体尤其是网络媒体是公共领域的重要组成部分。哈贝马斯意义上的公共领域在现实中的确具有表达民众合理需求、针砭时弊、弘扬正义、促成共识的积极功能，其积极的一面不能否定。但是，我们也绝不能把公共领域中的交往活动过分理想化。实际上，不存在纯而又纯的公共领域，在公共领域中活动的个体与群体很大程度上也并非是不受权力或经济利益影响的“自由人”，他们活动的目的有可能是公益，但更有可能是私利。公共领域是社会生活的反映，只要现实中人们的利益与价值观存在分化与冲突，那么作为其外在显现的公共领域就不可能是完全理想的，真实的状况其实是鱼龙混杂、力量交错、立场各异、权力与资本内在于其间。就此而言，在社会利益对立与冲突依然存在甚至有时激化的历史条件下，动辄就谈所谓“本真状态”的公共领域，难免沦为空论。而认为存在一个所谓“本真状态”的公共领域，则是一种形而上学的设定。实际上，被哈贝马斯奉为范型的资产阶级公共领域本身就是一种理论的抽象，需要避免被完全地、无批判地接受。

通过以上对作为公民社会主要结构性要素的社会组织与公共领域的分析可知，作为纯然规范之域的公民社会只是一种理想类型，现实中的公民社会组织与公共领域有其规范性的一面，但所谓公民社会本身绝非一方同质的净土。那种同质的、完全规范、自由平等的公民社会在很大程度上是一种意识形态的神话、一种并不真实的假设。利益矛盾与冲突、自私、贪婪与欺诈在公民社会中同样存在。当我们脱离开公民社会的理论话语，转而面向现实社会的阶层结构时，其社会真实的一面就清晰地暴露出来了。

公民社会理论的“非现实性”。进而言之，公民社会话语并不符合马克思主义的理论传统。马克思主义并不首先虚设一个同质而规范的公民社会，然后抽象地分析其与国家或经济系统的关系。马克思主义认为，每一历史时代的经济生活状况决定了该时代社会生活和政治生活的状况。经济领域本身的利益矛盾与资源纷争，特别是处于生产关系中不同地位的阶级或阶层的矛盾，决定了整个社会领域的矛盾与政治领域的矛盾，国家的产生与存在由此才能得到最终合理的解释。随着生产力的高度发展，随着经济领域资本主义私有制的消灭与社会所有制的建立，社会本身的异化性质得以消除，人类社会将成为一个每个人都能实现自由全面发展的“自由人联合体”，而具有政治压迫性的国家也就消亡了。马克思主义的唯物史观从历史事实出发揭示出社会生活的本质与人类历史的发展规律，它不是从一般的原则与抽象的人出发，或从应然的价值理念出发，而是从现实的人出发，从实际的历史事实出发。所谓“公民社会”

理论虚设一个纯然规范之域，抽象地谈论各种价值理念，谈论一般意义上的“公民”，无疑落入了马克思早就批判过的自由主义的抽象逻辑。

实际上，过分强调公民社会的理想性，实际上包含着忽视社会本身的内在冲突与矛盾的倾向。我国对公民社会理论引介较早的学者在进行理论反思时，也曾指出公民社会理论作为一种解释模式的不足，强调不应把目光仅仅局限在这一个理论范式上，而要发现其他甚至更为有效的解释方案，并认为，马克思主义的阶级分析模式可以解释在“社会”这一同质性范畴的掩盖之下，或者在“国家与市民社会”这一分析框架中，无法得到很好解释的“贫富差距结构”的诸多社会现象。确实，与公民社会理论相比，马克思主义的唯物史观是一种更为科学有效的理论。综上分析可见，公民社会理论虽有一定价值，但公民社会的规范性具有明确限度，公民社会理论也并非一个指导实践的完善理论模式。因此，对曾经流行的公民社会思潮的内在局限性，我们应具有清醒的认识。

2017 年 12 月 13 日

北漂与底层社会的巨大贡献[①]

城市的居住生态和社会生态是不断有机演进的结果。城乡结合部或者说贫民窟都是这种有机演进的结果，因为大城市的机会与资源具有强大的吸引功能，会吸引大量的外来人口。

① 此微信是阅读赵晓文章《从北京大火看全球贫民窟问题》有感而写。

数量巨大的北漂与底层社会为城市做了巨大的贡献，成为大城市较低成本生活、较为方便生活的重要的支撑力量，很多的脏活、累活，其他阶层不屑于干的工作，都由他们承担着。没有这些人，城市根本就无法运转，那种完全整齐划一的城市规划，只存在于想象中。现实以其不完美与多样性而发挥最大功能。因此改革决策的制定不能从理想出发，不能从理论出发。

改革开放以来，无数中国民工外出打工，他们的希望是自己能够融入城市，儿女能够留在城市并且有朝一日家族能够兴旺发达，而城乡结合部既是他们的辛苦之地，也是他们的希望之地。他们是中国工业化、城市化以及经济繁荣、走向现代文明的贡献者。他们有权利分享中国经济的繁荣，有理由追求一个融入城市的中国梦。政府和社会有责任为他们融入城市、享受平等的公共产品和服务创造条件。

2017年11月23日

现代城市管理必须与弱势者的生存权利相适应[①]

解决问题的关键在于通过有效的管理和服务，为弱势群体和社会底层的经营活动提供稳定的场所，以及相对廉价安全的租住地。在这方面，政府应该动脑子，而不是简单地一赶了之。

现代社会当然需要管理，但管理的方式必须人性化，现代

① 此微信是阅读网络文章《他们不是“低端劳动力”，是人》有感而写。

城市管理必须与社会普通民众特别是弱势者的生存权利相适应。人民日益增长的美好生活需要，基础和底线是生存的需要。如果只宏大叙事而不具体化则意义会大打折扣。

当然，我们也理解政府管理之难，但思维方式与治理方式也必须现代化。必须要积极探索问题的解决之道，切实增强政府的回应性与服务性。如何推进中国特色的城市治理，很大程度上仍然是个需要进一步解答的问题。

2017 年 11 月 22 日

对底层社会生存权利的维护与保障体现着城市的文明

这几年北京重新做了城市规划，有些路边店被拆了，地下室人被赶跑了，城乡结合部的菜市场有的也被拆了。市民的生活反而不方便了，底层社会谋生的出路断了。一个城市的文明程度不仅体现在城市的外观建筑，更重要的体现在对普通百姓与底层社会生存权利的维护与保障上。一个城市建筑再高、广场再大、马路再宽，如果弱势群体与社会底层缺乏生存机会，那么这个城市也是没有人情味的。

这种城市的重新规划似乎也有些道理，但是过多过细的政府主导规划会带来相当多的问题。美国人斯科特写过一本书，叫作《国家的视角——那些试图改善人类状况的项目是如何失败的》。他在书中分析了一些像苏联集体化、坦桑尼亚的强制村庄化以及完全按规划建成的城市巴西利亚那样本意是要改善人类生活，但在现实中却遭到彻底失败的例子。本意是为了农民更幸福而建设的集体村庄，却导致农民生计潦倒。可见为了人民的福利推行的政策，并不一定会为人民带来好运。这本书很有意思，讨论的问题也耐人深思！

2017年11月12日 部门自证其存在的合理性

一个部门一旦存在，为了证明自己的存在价值，会做很多在别人看来无意义并且有时确实也是无意义的事情，这种情况是人类社会的一种普遍现象。从这个意义上讲，部门或机构设立易，因为当时可能确有需要，但相对而言，废除或撤并（甚至只是废除其某一项职能）往往比较困难，因为其衍生为了一个顽固的既得利益组织，并且显得好像其很有存在合理性。

2017年9月26日 革命年代党对农村的有效动员何以可能[①]

众所周知，革命时期中国共产党成功的一个重要原因是对基层老百姓强大的渗透与动员能力。而中国共产党对基层社会的渗透与动员之所以可能，前提是基层农村社会脱离了原有的

① 此微信是阅读范金民文章《谁是明清基层社会的支配力量——兼评〈明清歙家研究〉》有感而写。

统治秩序，传统统治阶级与基层百姓既有的密切联系被切断，基层百姓开始处于分散化的状态。如果基层百姓依旧像传统社会一样有各种力量和途径与统治阶级、上层、整个体制保持较为有效的联系，那么共产党渗入基层社会的难度就会大得多。

在传统社会，科举制是民间与整个体制、与上层沟通的流动渠道，各级地方政权、士绅与宗族势力在地方与基层的治理中发挥重要作用。通过科举制，通过地方政权、士绅与宗族的作用，基层老百姓被整合进整个体制，保持与统治阶级的联系。而近现代以来，这种旧的整合力量与途径逐渐被打破了。

科举制的废除打破了民间上升的制度性渠道，很大程度上切断了国家与社会之间的联系，上层与下层脱节，地方政权更迭，整合能力大大减弱。由于封建制度的灭亡与科举制的取消，士绅阶层也迅速没落，难显过去之功能。随着中国新型城市的出现，农村的不安宁，大量地主从农村迁往城市，与农民的联系日益松弛。在以上情况下，传统农村社会依靠士绅和地方政权、地方名流建立起来的内聚力迅速削弱，只有宗族势力还具有较大的整合能力。即使如此，宗族势力也大受各种现代因素的冲击。

也正是由于传统整合机制与力量的失效，中国共产党才能够有效地渗透进广大的基层社会。正如美国学者摩尔在其名著《民主与专制的社会起源》中指出的：乡村农民社会与上层阶级的联系过于脆弱的直接后果，就是革命发生的概率直接提升。备受冲击的中国农村已经缺乏内聚力与整合机制，有助于共产党不断地把农民吸引到自己控制的地区。这也使共产党打碎并改造旧的农村制度的过程变得比较容易。

总而言之，要看到，中国共产党对广大民众之所以能够渗透与动员，前提是农村社会既有的整合机制与力量的失效，从而导致农村基层社会组织性的缺失。传统农村整合机制与力量的失效，提供了共产党对农村重新整合的可能性与绝佳机会！

2017年9月5日

狗绳与人的素质

平时所见，深有感触！

在中国，平均每天有6个人死于狂犬病。对比6条鲜活的生命来说，拴狗绳仅仅是一个微不足道的行为，保护他人也是保护自己。

既然养狗已经成为我们公共生活的一部分，那推己及人是必然的。就像你受不了别人在公共场所抽烟，拴狗绳也是同样的道理。

你离不开的香烟，在别人看来是致癌根源；你眼里的天使，在别人看来可能是游荡的死神。修养从小处做起，一个人的素质，可能通过一根狗绳就知道了。

2017年7月30日

作为理念的“人民群众”

今天与一老兄交流，有所感悟！

我们党以马克思主义为指导，而马克思主义强调人民群众是创造历史的主体，强调共产党要为人民服务，所以多少年来我们党一直在理论上把人民群众作为一个肯定性的褒义概念：人民群众是积极的、正面的、淳朴的，是历史发展的积极推动力量。并且很大程度上我们就是以这种理念认识作为前提去制定相关大政方针。

但实际上，这种完全褒义的整体概念并不完全真实，老百姓中当然有大量淳朴勤劳之人，品德优秀，但也有不少目光短浅，只重自己私利，甚至为了自己私利而损害他人与整体利益的人。完全褒义的作为政治概念的人民群众很大程度上只是一个理念。

如果完全以这种褒义的认识作为前提去制定宏观政策，在现实中就会导致很多的问题。比如在地方与基层，有些上访户相当难缠、无理取闹，领导干部头疼得很，但也没啥好办法；有的贫困户对领导干部的扶贫毫不领情，充满惰性，被动得很！

有时候，那种宏大叙事在具体现实面前往往显得比较抽象空洞。所以，很多问题不能仅仅从抽象的宏大叙事来认识。

伍

人生微评

微评人生

2018年5月11日

劝君惜取青春时[①]

研究生，顾名思义，与本科生不同，其学习开始带有研究的性质。确实，研究生期间的读书与学习将奠定一个人一生治学的基础，也会极为深刻地塑造一个人的思维方式。就我个人来讲，到现在为止的研究都没有超出当年博士论文的主题视域。研究生这几年到底应该如何度过？我们应该以一种什么样的心态对待这几年的学习生活？这些都是研究生需要自觉认识的问题。以下结合我的个人体会，以关键词的方式谈几点未必成熟的看法。

明志。三国时诸葛亮在《诫子书》中讲：非学无以广才，非志无以成学。青年时期正是人生确立大志向的时期。当然，有志未必成功，但无志肯定难有成就。对此，我曾写过一段话自勉："知识分子以读书治学为业，然读书治学并非仅限于明事求理，更需追求大的境界。而达成这种大的境界的首要前提则是要有大的格局与志趣。古今中外诸多先贤伟人，之所以功业不朽，除艰苦卓绝之努力与聪慧过人之天赋以外，高远超越之人生格局必不可少。他们将个人之命运融于国家、民族、社会，心胸与天地同宽，生命与大我同在。有如此格局追求自然超越于世俗之外，不囿于个体之私与现实功利。读书治学亦应有这样一种学术人格的自觉和自省！"如果有这

① 此文是我受邀为中共中央党校研究生院研招办而写，以自己体会寄语广大研究生。文中所记是我多年所思所悟，皆是真情实感，自我践行。我等资质平庸之辈，唯刻苦一途，无他尔。

样一种学术自觉和自省，就有可能达到学术心理的高峰体验，亦即一种站在高山之巅、俯仰天下的感觉，意识到自己承载着“道”与使命。

就我个人来讲，到现在为止有两次这种学术心理的高峰体验。第一次是在读博士研究生期间。那时我深深地认识到，处在伟大变革时代的知识分子需要与我们的国家、我们的时代同呼吸、共命运，需要确立一种高远的理想追求而决不能甘于平庸。在那几个月的时间内，我情绪难掩激动，有一种非常幸福振奋的感觉。第二次学术心理的高峰体验是在初进中央党校之时。中央党校地位特殊，教学、科研的现实指向性比较强，这不仅推动我的研究旨趣逐步向当下的实践回归，也使我意识到一个党校人的使命与责任。知识分子的理想与党校人的使命相互激荡，让我再一次体会到学术研究的意义与担当，体会到一种因为这种使命担当而具有的幸福感与振奋感。多年以来，这种高峰体验已经积淀为一种动力，推动我不断努力，不敢有丝毫懈怠。

对于今天的青年学子而言，有幸处于一个变革与转型的时代。这个时代，既有属于它自身的非凡成就与光荣梦想，同样也面临着各种发展中的问题与挑战。这个时代既给我们打开了观察问题的宽广卷轴，也给了我们研究问题的持久激情。打铁首先要自身硬。在这样一个中国几千年历史上之伟大变革的时代，作为处于大好青春时光的研究生，一定要珍惜韶华，存鲲鹏万里之志，有所追求，有所执着。“位卑不敢忘忧国”，作为青年精英，面对历史和时代赋予的使命，不论能力如何，都应尽力而为，不论功成与否，但求无愧于心！

刻苦。研究生期间要选择一个方向真正从事研究，奠定以后研究的基础，说起来容易做起来难。在这方面没有捷径，必须下苦功。俗语讲，“书山有路勤为径，学海无涯苦作舟”，确实如此！对此我也很有感触。硕士研究生三年、博士研究生三年，六年读书期间，我最为满意的就是自己几乎没有浪费时间。尤其在研读经典著作方面，我下了很大功夫，西方哲学的经典、马克思主义哲学的经典读了很多，有的还是多遍精读。现在想来，六年时间，实际上转瞬即逝，如果当初时间虚度也就难以弥补了，寸金难买寸光阴啊！如果研究生期间没有打下自律的基础，没有时间观念，工作以后事情繁多，恐怕更是难于严格要求自己。这个时期打不下扎实的基础，工作以后更没有多大理论工作的信心了。有些人之所以有突出成就，可能并非他有多聪明，而是他很刻苦，成就的背后是巨大的努力与付出。天道酬勤，此言不虚也！

就我自己的观察，我感觉现在有些研究生缺乏时间观念，该读的书不读，读书也不用功，业余活动倒是很精彩，像个社会人，有些混日子的样子，好像读研究生就是来混个毕业证，找个工作就可以了。这种观念是非常错误的。研究生阶段如果形不成清晰严谨的思维方式，如果形不成良好的勤勉自律观念，毕业以后无论干什么都是要吃亏的，科研固然搞不好，其他工作估计也好不到哪里去。刻苦读书对于研究生而言，其实并不是一个很高的要求。我常对我的研究生说，干什么最起码要像什么，研究生就要好好读书！

善思。当然，苦功并非只是埋头读书，而是既要多学，又要善思。善思一方面是指对问题的长期持续思考，即深思。这种深入“在思考”的状态很重要，这种状态的保持更重要。只有保持一种大脑的长期思考状态，才有可能在这种状态中把问题搞清楚。我自己对于这种思考的状态很有感受，连续多日甚至更长时间的思考，一般情况下会有效地推动问题认识的深化。另一方面，善思本身就包括善于反思的意思。只有具有明确的反思意识与怀疑精神，对既有的理论与现实保持适度的观察间距，才能得出尽可能客观的认识与理解，研究结论才可能具有新意。

研究生期间尤其博士研究生期间，在多读书的基础上，一定要养成良好的思考习惯。对于某些问题、现象与理论，不仅要持久深思，还要善于反思。换言之，对既有的现象与理论，不仅要知其然，还要知其所以然，思考就是为了把握事物与现象背后的逻辑，不思考如何创新、如何突破呢？无思考的接受、照本宣科是无法推动研究深化的。

纵观人类历史，凡是理论研究方面的伟大人物，大多是在40岁以前就奠定了成就基础：或者是已经提出了新的理论、思维或范式，或者是已经有了新理论、思维或范式的萌芽、因素或雏形。自然科学的牛顿、爱因斯坦，人文学科的马克思、罗尔斯皆是如此。就此而言，研究生阶段可以说是人一生中思维最活跃的时期，也是思维方式形成的时期，如果这一时期没有创新或创新不够，一生的理论研究也就只能很平淡了。即使伟大成就者，中年以后，或者受到已经形成的思维方式的制约，或者忙于功成名就后的应酬交往，很少有可能再有大的突破。

对于人生最美好的时光，我们的青年学生一定要把握好，不要留遗憾给未来！

2018年4月29日

逆向思维之必要

有时需要养成一种逆向思维。当都在批判一个东西的时候，你要考虑考虑它有没有价值；当都在赞扬一个东西的时候，你要考虑考虑它有没有问题。流行的意见往往是有道理的，但也往往因为是流行的反而过分简化与片面。马克思的辩证法和生活的辩证法都告诉我们要这样看问题。

2018年4月26日

小诗一首，好友和之

昨夜少眠，做小诗一首，好友以诗和之。两诗均做小改，聊做纪念。

放下才知天地宽，退步原来是向前。
自此踏入逍遥境，人间散淡胜神仙。

好友和诗：

一书一笔走江湖，豪情济世酒一壶。
两脚踏遍风云路，以天为盖地为庐。

2018年4月20日

人必须内心强大[①]

这篇文章写得太好了，后面心理咨询师的评论文章更佳，写出了我的所感所想。

要想成为一个内心强大的人，需要具备至少以下六大品质：（1）高度自律和自黑；（2）必须经历绝望；（3）培养独处的能力；（4）不设限的思考；（5）信仰；（6）做自己。

内心强大的人言语行动一片光明自然！

2018年4月6日

看透死亡[②]

清明节慎终追远，是对逝者的怀念。随着年龄的增大，逝去的先人时常出现在我的脑海里，无论他们葬在何处。我想这可能就是对他们最好的纪念吧，他们并未远去，仍活在我们的生活中，是我们生活的一部分。

人之生死就是那么回事，健康平安地活那么几十年就行了。就像文章中讲的："有限的肉体生命与无限的精神生命对应，才使人生变得充实；有限的生与无限的死对应，才激发了人类崇高而伟大的生命激情。死亡并不是生活的敌人，而是生活的朋友。因为死亡意味着我们的生命是有限的，

① 此微信是阅读文章《内心强大的外部表现是怎么样的？》有感而写。

② 此微信是阅读文章《清明节，我们该如何跟孩子谈论生死？》有感而写。

有限的人生才显出时光的宝贵。光阴世界给我们的，让我们暂时保管一下，因此，我们必须尽最大的努力去承担这项重任。”

只要活的知足平安就好，至于身后事倒是无所谓，至于葬在何处更是无所谓，最好的方式就是火化后直接融入山川大海、大地自然！弄个墓地占个一平方的位置有什么意思？再过三代四代人谁还记得逝者是谁，谁还来凭吊逝者？我们一般人往上能记得曾祖父就不错了，再隔四代，后人能记住我们也不太可能了。一个普通人记住先辈和被后辈记住的代差是上下共七辈左右，超出这七代，一个人便几乎不再有人世情感的存在了，我们不知道别人，别人也不知道我们了。现在所谓墓地以后很可能都将会不复存在！再过很多年保留那些没人要的墓地干什么呢，都要有墓地的话大地早晚也放不开。周恩来总理和邓小平同志死后的安葬方式最好了。

2018年3月23日

人生有感

身体健康，亲人平安，闲来无事，便是幸福！
杂事勿扰，亦不自扰，心静气和，即为自在！
不迷于名，不陷于利，取舍有度，方能潇洒！

2018年3月16日

性命、生命和使命[①]

此文章的题目是纯粹的标题党,但其第一部分内容比较深刻。

“初级的快乐是肉体的快乐，那是饱、暖、物、欲；中级的快乐是精神的快乐，那是诗词歌赋、琴棋书画、游走天下；高级的快乐是灵魂的快乐，那是付出、奉献，让他人因为你的存在而快乐！平庸的人只有一条命，叫性命；优秀的人有两条命，即性命和生命；卓越的人则有三条命，性命、生命和使命，它们分别代表着生存、生活和责任！”

性命、生命、使命；一条命、两条命、三条命；生存、生活、责任，区分得非常清晰，非常合理。为了使命，可以放弃生命的精神快乐，乃至进一步放弃性命的肉体存在。有意思，有启发!

2018年2月27日

六种人值得一交

“心灵鸡汤”有时也要喝点，不然只看书太乏味。

六种人请交一辈子：

（1）肯借给你钱的人，每一分都是血汗钱，请珍惜；

（2）舍得给你东西的人，不是因为东西多，而是心中有你；

（3）合作时愿意让利的人，不是因为笨，而是知道分享；

① 此微信是阅读网络文章《你是要“性”，还是要“命”》有感而写。

（4）工作时愿意主动多干的人，不是因为傻，而是懂得责任；

（5）喜欢主动买单的人，不是因为钱太多，而是把友情看得比金钱重要；

（6）愿意帮你的人，不是欠你什么，而是把你当真朋友。

当然，把你当傻瓜的人就避而远之了……

2018年2月24日
做人很重要的一点就是不卑不亢[①]

这确实是一个尊严稀缺的时代，在交往中一定程度上我能感受到。但至为重要的一点是人不能自甘卑微，轻易地低下精神的头颅向他人献媚，廉价的示好，以换取他人的些许关注！

做人，很重要的一点就是不卑不亢：对上者强者不卑，对下者弱者不亢。既不必自甘卑微，也不必盛气凌人！

其实，尊严从来不是一个仅仅关乎个体的事情。按照马克思主义的基本原理，尊严具有历史性和社会性。历史性是指，人类只有发展到一定阶段、一定高度，尊严才成为一种普遍的东西。社会性是指，一个社会的文明程度和发达程度决定了社会中的个体能否广泛地具有尊严。

① 此微信是阅读梁文道文章《这是一个尊严稀缺的时代》有感而写。

2018年1月20日

学者应当有不写和少写的勇气

对于一个真正的学者来说，应当有不写和少写的勇气，也就是拒绝制造学术垃圾的勇气。这之所以可以被誉为一种勇气，是因为在大量粗制滥造的“学术研究成果”能够获得令人称羡的利益的情况下，坚守学术良心和诚实，需要具有“虽千万人，吾往矣”的精神。这种勇气意味着不像许多春风得意之士那样轻易就炙手可热起来，名利双收。

今天，大量学术文章与书籍如滔滔江水，绵绵不绝；又如黄河泛滥，一发不可收拾。各种自我吹嘘，相互吹捧，推介宣传，使人迷茫。

在泡沫遍地时，少讲废话；在创新泛滥时，抱朴守拙！

2017年12月2日

死亡不是永久的告别[①]

确实，死亡不是永久的告别。因为逝去的亲人与朋友常常会出现在我们的记忆与思念中，出现在我们的梦境中。就此而言，他们并未远去，而是与我们同在。忘记才是永久的告别，才是社会意义上的死亡！

当然，我们这些普通人，早晚要湮没无名，但是，即使人

① 此微信是阅读文章《死亡不是永久的告别，忘记才是》有感而写。

已逝去，只要亲人与朋友能够有时思念记起，就表明其人生意义，不白在世上走一遭。

这篇文章值得一读！

2017年11月23日 再谈莫大先生[①]

再谈莫大先生……

令狐冲和莫大先生都是有自由个性的人，都是不太拘束于正邪成见的人，都是率性坦诚的人。不落俗套，不管成见，思想解放，爱憎分明，超然逍遥！面对社会俗见与正派教条，他们鄙夷不屑，冷眼待之。

令狐冲和魔教中人来往，莫大先生手刃嵩山派“大嵩阳手”费彬。在正派人看来，他们不讲政治正确，不是纯粹的人，不是脱离低级趣味的人，而我感觉，他们才是有益于江湖大义的人！

莫大先生是金庸塑造的最成功的人物之一！

2017年11月10日 对比慧能与神秀的修行之道[②]

这拨的哪是琴弦，分明是心弦！功利褪去，活泼泼的水流

① 此微信是阅读六神磊磊的文章《令狐冲和莫大先生：最让人向往的友谊》有感而写。

自然清澈而出。惜乎世人多功利之累，不闻内心涓涓清泉之声，亦少尽在不言之知音。

世人常言慧能悟性高于神秀。神秀曾言：身是菩提树，心如明镜台，时时勤拂拭，莫使惹尘埃。慧能曾言：菩提本无树，明镜亦非台，本来无一物，何处惹尘埃。相比神秀，慧能一空到底，似乎更为大智慧。我一开始也这样认为，后来感觉到，对于我们一般人而言，实际上，神秀说法更具有可行性。

慧能的一空到底是从禅理上来讲的，但就现实的修为来讲，还是神秀的说法更为可行。时时反观自身，时时反思自身，时时拂拭内心的尘埃，时时扪心自问，这样使自己避免过于庸俗，过于功利。有些人功利而不自知，庸俗而不自知，恐怕是忘了反思，忘了拂拭内心的尘垢！内心杂草丛生、欲望丛生、不清不净，堵塞了心中本来清亮的泉眼。

无它，唯自勉尔！

2017 年 11 月 10 日

违背自然规律的生命延长未必是好事[①]

人的生命无论再延长，总是有其极限。违背自然规律的人为延长，未必是好事。人为延长的负效应是什么呢？是否有不可测的效应呢？健健康康，顺其自然是最好的！人类不要过高估计自己的智商与控制未来的能力。创造了魔鬼有时就再也控

① 此微信是阅读带乐文章《周末听琴 | 高山流水遇知音》有感而写。

制不了了。

人终结了地球上的许多物种，谁来终结人呢？宇宙有其定数，人或者毁于不可控的外部因素，或者自己终结自己。宇宙通过人之手终结人自身，人类最终逃脱不了宇宙的运行逻辑。“有物混成，先天地生”的所谓“道”讲的就是决定宇宙本身存在的强大支配逻辑。老子的五千言根本上讲的是宇宙的逻辑，而不是什么唯物唯心的问题！

“天地不仁，以万物为刍狗。”人，你以为你是谁？

2017年11月9日

金庸小说人物中我希望成为莫大先生②

读金庸的次数越多，越对书里光环满点的男主角们提不起兴趣：一个个都情怀爆表，为了诗和远方放弃眼前的一切苟且，结果最后不但得到诗和远方，连眼前的苟且也一样不落地揽到怀里——郭靖舍生取义，结果东邪西毒裘铁掌轮番都拿他无济于事；杨过舍义取情，结果成了神雕大侠世所共仰；令狐冲舍情取自由，结果岳父死了……至于张无忌，那就更不用说了。

反倒是很多配角，越读越有味道，比如《笑傲江湖》里衡山派的掌门人，“潇湘夜雨”莫大先生。如果问我金庸小说里最喜欢的人是谁，我选萧峰；但如果问我最希望成为书里的哪个人，我一定选莫大先生。

---

① 此微信是阅读文章《我们出走半生，归来仍是少年》有感而写。

② 此微信是阅读网络文章《我为什么喜欢莫大先生》有感而写。

《笑傲江湖》第25章，莫大先生听说左冷禅假扮魔教迫害恒山派，莫大先生劈头盖脸就来了一句：“魔教虽毒，却也未必毒得过左冷禅！”而对于令狐冲和任盈盈的关系，他似乎从没考虑过任盈盈是“魔教妖女”，只是一味怂恿令狐冲把任盈盈娶回家，因为“魔教的任大小姐对你一往情深，你可千万不能辜负她”。更好玩的是，莫大先生还拍胸脯说：“别人不来喝你的喜酒，我莫大偏来喝你三杯。他妈的，怕他个鸟？”聊到这儿，令狐冲都接不上话了，只觉得“他有时出言甚是文雅，有时却又夹几句粗俗俚语，说他是一派掌门，也真有些不像”。

从莫大先生身上认识到正邪并非截然两分，低调、自在，琴声寂寥悲凄远去，曲未了，声已逝……

2017年10月6日

人的生命属于两个世界②

人的生命属于两个世界，一个是在外的客观世界，一个是向内的主观世界。

客观世界因缘际会，如意与不如意，成功与失败，各色人等不一而足，很多事情非我等所能把握与决定，喜欢与不喜欢的人与物都会出现在你的客观世界中。此正所谓，缺一般不成世界。从一定意义上讲，人在客观世界中具有一定的被动性。

主观世界更具有属我性。主观世界肯定会受客观世界的影响，但是对于主观世界的建构，人具有更大的能动性。不喜欢

① 此微信是阅读文章《生命，是一树花开》有感而写。

的人和物，我们可以将他们请出我们的主观世界。人在自己的主观世界中是至高无上的决定者。主观世界如何构建，构建什么，很大程度上是由自己决定的。外在世界可能是冰雪寒冬，主观世界却可能是温暖如春；客观世界可能挫折不断，主观世界却可能斗志昂扬；客观世界可能身居斗室，主观世界却可以神游天下。所谓诗意的栖居，很大程度是针对主观世界的。

客观世界包含着人的生命的多样性与丰富性，而主观世界同样蕴含着人的生命的多样性与丰富性。人是有思想、有灵魂、有意识的，最起码，人应该努力成为一个自己内心世界的成功者。内心，是一个多么广阔而丰富的世界啊！

2017年9月14日

何谓“深度工作”①

这篇文章中提到一个很有意义的概念：深度工作（Deep Work）。深度工作指的是在无干扰的状态下，专注进行职业活动，使个人的认知能力达到极限。这种深度工作能够创造新价值，提升你的技能。经过心理学和神经科学方面的数十年研究，我们认识到伴随深度工作而来的精神紧张状态，对于大大提升我们的能力绝对是必需的。

深度工作状态类似我以前在微信中谈的持续“在思考”状态，无干扰的最佳思考状态，一种理想的修行状态。长期独处思考是一种智力运用的高峰体验，可惜，很少有人能达到这种

① 此微信是阅读网络文章《为什么历史上的重要人物，都喜欢长期独处？》有感而写。

状态。因为我们往往耐不住寂寞，受不了孤独，看不透名利，向往喧嚣与浮华。

具有这种“深度工作”体验的人一定是非常幸福的，他们能够体会到我们一般人体会不到的人生境界与层次，达到与研究对象的主客合一。

2017年8月25日
人生最是故乡情①

转眼算来，自从求学在外，离开山东滨州老家已经整整21年。21年，对于人生来说不算短暂，但是离家越久，思念之情愈甚，对老家的思念作为一种人生情感的寄托已经深深扎根在我的心底。人的思念往往是与回忆联系在一起的，谈起老家，我也总有一些深刻的记忆留在脑海之中，时间愈长，细节好像反而愈益清晰。可能正是在这样一种对生活印象的片段回忆中，故乡才化作了我心中永恒的牵挂。

故乡于我而言，是童年的嬉戏与快乐。人的童年时光大抵是最快乐的，无忧无虑，也不用考虑什么人情世故。故乡实际上就是人生最初生活之地，因为最初所以能够绵绵持续一生。我是改革开放的同龄人，我们那个时候远不像现在的孩子一样课业负担如此之重。尽管不像现在的孩子能够买到各种各样的玩具，但我们的童年生活快乐自由得很。农村可玩的地方多，农村孩子自有的游戏也不少，那种快乐时光不是城市的孩子能

① 老家朋友约我写点东西。感慨思绪，遂以成文！

够体会的。比如套鱼，钓鱼我不大会，但套鱼还行，当然套鱼也是纯粹小儿科的活动项目了。弄一个罐头瓶子，用线绕瓶口边缘绑紧，在瓶子里放上一些小馒头块，然后把瓶子扔到池塘里，一见有鱼钻进瓶子里吃馒头屑就赶紧用线把瓶子拉出水。当然，这样也逮不到大点的鱼，不过小孩子嘛，重在活动本身的乐趣，有时候还能套不少的小鱼。套到的小鱼拿回家，洗洗剪剪，让大人直接给油煎着吃，也是自己的劳动收获呢！小时候，我们村的西边有一条河，我们叫西沟，主要用来引黄河水灌溉农田。每当水不多的时候，总是有人在沟里抓鱼，特别是桥下水比较深的地方，往往有比较大的鱼，还有螃蟹、河蚌、小虾什么的。现在城市化了，再回老家，西沟已经快被填上，更别谈什么“虾兵蟹将”了，田园风光几不可见，真成了“此情可待成追忆”。其他像玩土、爬树、摸蝉蛹（对于蝉蛹，我们老家一带有一个很形象的称呼，叫“肉蛋”）等好多项目都是小时候和伙伴们常干的事，现在的城市孩子都已经“文明化”了，生活在水泥钢筋铸成的都市里，基本没有机会接触这些东西，我不知道他们是不是少了很多乐趣。现在想来，能够在广阔的乡土之间接触自然、亲近自然、融入自然是我童年快乐的一大源泉，也是我对故乡的永恒记忆。

故乡对我而言，是农活的辛劳与汗水。不像现在，由于在城市边缘，老家现在已经在很大程度上被城市化了。以前家里的地很多，农活的任务很重，特别是每年放了暑假，我都要干些农活，帮大人尽可能地减轻辛劳，包括上了大学以后的几年都是如此。滨州是产棉地区，夏天给棉花打药、逮棉铃虫是极为重要的工作。长久留在我脑海中的，是我和家里的大人带着防晒的帽子，在地里逮虫子的情景。棉铃虫有的钻进花蕊中，有的钻进嫩嫩的小棉桃里，有的则藏在棉叶的下面，要逮的比较干净也不容易。我戴着近视眼睛逮虫子，旁边的邻居有时开玩笑：哎呀，大学生又来庄稼地干活了！我哈哈地笑，听到这句话的几个人也都哈哈地笑！一边聊天一边干活有时有一种疲劳但又放松的感觉。所干农活中另外给我留下深刻印象的就是给玉米施肥，滨州土话叫“上化肥”或“点化肥”，特别是玉米已经长到大半人甚至一个人高的时候，前面一个人用锄子刨坑，后面一个人把化肥放进去，再把土偃上踩实。地里面密不透风，玉米叶拉的人难受，玉米穗子有时也会掉人一头一身。等到出来休息时，汗流浃背，那真叫减肥，现在城市的人如果放到那个环境中干 10 天，比什么快走、跑步的减肥效果会明显得多的多，并且还不用晚上节食。可惜我那时一米八多的个子，还不到一百三十斤，实在没有资本去利用这减肥的好机会。现在在北京稳定地工作了，作为知识分子的我也不爱运动，但想起过去并不算多的劳动时光，还是颇多感慨，也愈益体会到劳动者的光荣与不易。当然，正如很多离开老家在外定居的滨州人一样，我们的后人对于这种农村的生活可能仅仅只能想象一番了，但对于像我们离开滨州的第一代人而言，这是真实而永恒的人生记忆！这片土地是我祖祖辈辈艰辛劳作之地，是生我养我之地，也是我曾经的劳动之地，让我怎能不留恋和怀念。

故乡对我而言，是亲情的牵挂与不舍。现在工作事情比较多，孩子也不大，不像过去放假回家可以待两周甚至更多时间。但每年时间不多的几次回家，感受到的都是满满的亲情与留恋。

一般回家我都会提早告诉母亲，母亲知道后有时会激动的失眠。我知道，母亲不仅是想我，更是想她的小孙女。每当带着孩子回家，母亲总是想好好地把孩子抱在怀里，我也会找机会多给她们拍照。那种隔代人的思念与疼爱从母亲那开心的笑容和慈祥的目光就可以真心地感受到！回到老家，免不了把长辈、哥姐的都拜望下，聊聊家长里短，问问这家那家，酒不算贵，茶也不算好，但是那种淳朴而自然的亲情却是比任何东西都更为珍贵的，是无价的。大爷、舅舅、姑父、姨夫有时也会劝酒，但往往就是简单的一句话：多喝点，再喝点。我知道，他们的意思并不是让我多喝酒，而是通过不停的劝酒来表达一种长辈对晚辈的深厚感情。尽管我酒量不小，回老家却也常常喝醉。醉也就醉了，在老家醉酒不也是一件很幸福、很值得回忆的事情吗！

唐代贺知章《回乡偶书》云：少小离家老大回，乡音无改鬓毛衰。儿童相见不相识，笑问客从何处来。我还不到不惑之年，离家才不过 20 年，尽管也是口音未大改，现在回老家已经有许多青少年不再相识了！也许几十年以后，随着故人的不在，我回老家的次数会越来越少，在老家认识的人也会越来越少，但是随着年龄的增长，我对故乡的情感一定是越加炽热而深沉的。

我爱我的故乡！祝福我的故乡，祝福我的乡亲！祝福这片大地像今天这样一直充满勃勃生机与无限希望！

2017年8月8日

“尽吾志也而不能至者，可以无悔矣，其孰能讥之乎？”

最近我常常在思考，我曾经有过的那种读书治学的崇高使命感和学术激情是不是被世俗的生活、现实的羁绊、琐碎的事务、无暇的时间以及姜文讲的“狗日的中年”消磨得差不多了？我还有过去那种站在高山之巅的雄心壮志吗？

徘徊、彷徨、无奈、求索、痛苦……不，我不能向懒惰和现实屈服，我还要创新，还要尽力克服自己内心对名利的欲望，我决定还是要走我选择的那条治学之路和研究方式。做学问为什么一定要让人知道呢？名那么重要吗？利那么重要吗？我要尽可能做一个纯粹一些的人！我们这些学术之人都要想想，百年以后我们能够留下什么？

努力不做脱离现实的玄学，不做应景的所谓热点之学，沿着自己的方向踏踏实实走下去，尽可能突破新的瓶颈。即使多年以后留不下几篇像样的文章，也没啥遗憾的，我已经尽力了，做到无愧于心就好了。

我还要加油，还要奋斗，为了自己那可能永远不可能实现的目标，尽管很难看到诗和远方，但不能为眼前的苟且所阻止！自己的生命之花要开得充实而灿烂，管别人干什么呢！自足于内何必过分求于外呢！

2017年7月25日

珍惜“孩子气”

现在想来，还是庆幸自己尽管进入社会工作多年，身上还是保留着不少童真的“孩子气”，不是那么世故。

中国的文化与体制有把人变世故、丧失童真的弊端。在等级的体制下，官本位的文化中，人往往既具奴性又具主性，对上则有奴性，对下则有主性，一接触外部世界往往就很快熟悉那些交往规则，变得圆滑世故，觉得自己好像成熟了，所谓“世事洞明皆学问，人情练达即文章”。很多人年龄不是很大，已然老于世故，极善钻营，投机取巧，上层路线，名利熏心！

拥有孩子气的人，比那些浑身散发着铜臭的人更坦率、真诚；比那些整日追名逐利的名利客更洒脱、潇洒；比那些处心积虑的人更快乐、幸福。孩子气，是一种独特的气质，更是一种不自觉的人生境界。

拥有孩子气的人，不会把事情复杂化，他们的世界简单、富足，身上总有强大的正能量。就算有伤口，也会很快愈合。

在这个追名逐利的市场经济时代，“孩子气”成了奢侈品。如果你身边有一些带着“孩子气”的人，你一定要珍惜，这种人真诚、纯真，无论作为亲人或朋友，都是我们难得的财富。

2017年7月16日

爱情与婚姻[①]

对待婚姻与爱情，我觉得应该持有一种历史的辩证的态度。

从历史来看，古代社会，爱情与婚姻的联系比较淡漠。在传统男权社会，女性往往处于附属地位，所谓父母之命、媒妁之言，所谓一个茶壶要配几个茶碗，三妻四妾，所谓嫁鸡随鸡、嫁狗随狗。很多婚姻中的双方甚至在结婚前都没见过，要谈不上是基于爱情的结合。在今天时代，这种没有爱情的婚姻恐怕依然存在，物质时代基于金钱、财富的婚姻多得很！

但是，在现代社会，女性的经济自主性不断增强，地位不断提高，自主选择能力不断提高，彼此独立基础之上的自主爱情较之古代社会大为普遍，以爱情为基础的婚姻遂成为一种比较普遍的趋势。当然，现代社会的婚姻总体而言仍摆脱不了权力与财富的巨大束缚。

只有到了共产主义的理想之境，人的发展才能够既摆脱权力的主导和支配，又摆脱物质的主导和支配。相应的，在婚姻关系上，那时候就不再考虑什么物质因素，双方纯粹是因为爱情而结合，婚姻的唯一基础就是感情。那么，在共产主义社会，如果两个人生活一段时间以后没了感情怎么办？分开也是可以的！不过革命导师恩格斯教导我们说，对待感情要慎重，不能太随意！

---

① 此微信是阅读文章《滞留在中世纪婚姻观的中国式相亲》有感而写。

以上是从历史来看，那么从辩证来看呢？从辩证来看，爱情与婚姻不完全是一码事。当然，在理想的情况下，爱情即婚姻，婚姻即爱情，爱情与婚姻两位一体，内在一致。但实际上，在多数情况下，爱情是一种在短暂中求取永恒的激情，婚姻则是一种在长久中寻求合作的联盟；爱情更倾向于诗学与美学，婚姻则更倾向于经济学与社会学；爱情是一件不朽的艺术品，婚姻则是相对平庸的现实生活。很多讴歌爱情的传奇故事与童话，像莎士比亚的《威尼斯商人》、汤显祖的《牡丹亭》，都以“公主与王子幸福地生活在一起”的结局戛然而止，至于婚后生活如何，读者就只能仅凭想象力去猜测了！

2017年7月13日

用条件交易的婚姻难有幸福①

我在北京也待了有些年了，这种情况还真没听说过！

这种由父母包办相亲的婚姻只不过是把婚姻的物质性以赤裸裸的、更为极端的方式表现出来而已。实际上，即使日常的婚姻也无法摆脱这种物质前提和财富基础。按照马克思主义的基本原理，经济生活决定社会生活，婚姻作为社会生活之一，自然无法脱离现实的经济基础。在生产力高度发达以前，在物质财富极大满足之前，在人的素质极大提高以前，这种物质的世俗考虑恐怕始终是现实婚姻的重要约束条件之一。只有在共

① 此微信是阅读文章《在北京的相亲公园里，人多像一条狗啊》有感而写。

产主义社会，异性之间才会仅仅因为爱而吸引结合，才会最终摆脱物质的考虑与束缚。

现实中，那种不考虑物质财富的爱情与婚姻即使有，也绝不会多，最终成功的恐怕更少！如果一个人声称就是喜欢对方而不考虑对方没钱，那对方肯定有其他优点可以补偿没钱带来的缺点：或者对方相貌出众，或者对方特别会关心人，或者对方特有前途，或者……总之对方总有一些优点可以补偿物质基础的不足。最终的结果，就是双方心理、条件与地位的势均力敌。如果婚姻中这种均势长期无法形成，出现问题恐怕难以避免，当然“凑合过”有时也是一种无奈之举。

当然，现实的婚姻肯定不能仅仅考虑物质，不然是不会幸福的。正如文章中说的，“那些用条件交易婚姻的人，进入围城前，就已经面目狰狞，婚后一有个风吹草动，就会呲起獠牙——心里没有爱，就不会有尊重，就不会手下留情”。

2017 年 7 月 13 日

努力做个有趣的人[①]

这篇文章除了题目有些标题党以外，分析得真不错！我觉得作者简直可以就此写一篇博士论文，必然大热！

对对方来说，有趣是意料之中 + 意料之外，你的想法做法超出对方预料以外，让对方感到新鲜有趣；有趣是已知 + 未知，

① 此微信是阅读文章《如何变成有趣的人？（吸引姑娘得有术）》有感而写。

你展示给对方未知的可爱有趣一面。这是活生生的对立统一的辩证法啊！

“有趣的人，他有自己的世界，他不是走进你的世界，而是为你打开一扇窗去参观他的世界。或许他的世界让你感到惊讶，甚至不认同。但经历一段时间的磨合以后，你开始理解欣赏他的世界，从此你与他彼此都拥有了两个世界。”

当然，文章最后给出的如何变得有趣的几个条件综合来看难度有些大。所以很多人现实中没法变得有趣，自然也就没法吸引对方，讨对方喜欢。

2017 年 7 月 11 日
忆昔农村盛夏时

盛夏的酷暑让我想起了过去在农村时的夏天。炎势酷暑，我们给高高的玉米施肥，在密不透风的玉米地里钻来钻去，浑身湿得透透的，大汗淋漓，衣服粘在身上。家里盖房子，光着膀子干活，高温照射，几天下来，后背的皮一揭一大片。晚上吃饭，在打扫干净的天井当院，一家人在一起，有时听听评书，感觉特别好。晚饭后，到胡同口，和乘凉的乡亲聊天，东拉西扯，有时聊到深夜，也很惬意。

现在想想，那时条件虽然比较艰苦，但也很幸福。那是一个属于农村的时代，我的青少年时代，我的老家岁月。那时的生活常常出现在我的回忆中。过去的再也不会重现了，但已经成了我生命的一部分！

2017年6月21日

人生就如花朵绽开①

尔曹身与名俱灭，不废江河万古流！那些名人与普通人，最终结局都是一样，最终都不会留下什么，因为人类历史也将成为历史，而历史本身最终也将不复存在。

个体人的一生，整个人类历史，就像一朵绽开的花，绽开而又凋零，意义就在于绽开本身，除此以外再无其他！

2017年4月24日

文明而有尊严的死亡方式②

死亡是我们每个人最终都要面对的，是必然的，但死亡的方式却是多样的，我们应该有选择死亡方式的权利。

经济学人智库对全球80个国家和地区进行调查后，发布了《2015年度死亡质量指数》报告：英国位居全球第一，中国大陆排名第71。“科技发展到今天，医生面对最大的问题不是病人如何活下去，而是如何死掉。”不得“好死”——这可能是现在最被我们忽略的幸福难题。

“我希望我死去时，是个读书人的样子。”

最后一刻仍然书卷在手；

最后一刻仍有“腹有诗书气自华”的优雅；

---

① 此微信是阅读文章《那些改写历史的冷战枭雄，一个个离开了》有感而写。

② 此微信是阅读文章《关于死亡，这可能是一篇颠覆你认知的文章》有感而写。

最后一刻眉宇间仍然保持一片清朗洁净。

我希望安乐死能够合法化。人不能选择自己的出生，但可以选择自己的死亡方式，这也是人之为人的自由与尊严。文明而有尊严的死亡是人类文明发展程度的重要标尺。

2017年1月27日
人生四十不惑

日月飞逝，白驹过隙，转眼年近不惑。一年又一年，人生感悟有四!

不怒。有些事情可能错怪了别人，不怒。有些事情别人有他的理由，不怒。还有一些人根本不值得我们生气，不怒!

不争。名利不要看透，但要看淡。钱够花就行，多了也是银行里的废纸。争名逐利、劳心费神，很多情况下不值。该是你的跑不了，不是你的争不到。贤的是他，愚的是我，争个什么?

守静。越来越不喜欢喧嚣与热闹，越来越习惯独处，安安静静，一杯茶，一本书，觉得时间没浪费。内心的安宁也是现代社会的稀缺品。年龄不小了，别再耽误在无意义的活动中了。守静，求诸内心，方能养浩然之气。

守拙。不必四面玲珑，八面见线，不要投机钻营，曲意逢迎。老老实实，实实在在，本本分分，保持诚实纯朴之性。不要降低了自己的人格。